혁신기업이 부자국민을 만든다

혁신기업이 부자국민을 만든다

저 자 **최창규** Cornerstone Investment 대표이사
조영국 Global Venture Network 대표이사
김덕일 정치외교학 박사

감수자 **김진홍** IXL KOREA 대표이사

PUBLIUS
PUBLISHING
VERITAS VINCIT

추천사

이 책은 한국의 금융산업이 어떻게 변화해야 한 단계 업그레이드될 수 있는지, 그것은 또 개개인의 삶에 어떻게 연결이 되는지를 아주 쉽게 이해할 수 있도록 구성되어 있다. 혁신적인 기업이 많이 나올 수 있도록, 제도적인 뒷받침이 되어야 한다는 주장에 깊이 공감한다.

나는 그동안 국내 연기금이 한국 투자의 비중을 줄이고 해외 투자의 비중을 늘리는 것이 시정되어야 한다고 줄곧 주장해 왔는데, 이 책의 내용은 나의 주장의 근거를 뒷받침하고 있어서 큰 원군을 얻은 것 같다. 가히 주식투자에 대한 전반적인 이해와 한국의 금융산업이 가야 할 방향을 알려주는 길잡이가 될 수 있는 저서라고 할 수 있다. 기업과 금융인뿐만 아니라, 똑똑한 제테크를 고민하는 일반 독자들에게도 일독을 권하고 싶다.

존리
메리츠자산운용 대표이사

추천사

LG화학이라는 모체로부터 LG에너지솔루션이라는 기업이 어느 날 갑자기 탄생한 것이 아니다. 이 혁신적인 에너지 기업이 탄생하기 위해서, 지난 30여 년간 수많은 LG 임직원들과 연구원들의 각고의 기업 혁신의 노력이 있었다. LG에너지솔루션은 기업혁신의 정당한 성과물이다.

기업의 혁신은 기업의 생존을 위한 필수조건이자 기업의 성장을 위한 필요조건이다. 이 책은 오늘날과 같이 격화되고 있는 세계경제의 치열한 경쟁 속에서, 한국 기업들이 세계적인 경쟁력을 갖기 위한 혁신의 구체적인 방안들을 설명하고, 혁신기업들이 생산하는 부가가치들을 국민이 국민연금 등 연기금을 통해서 누릴 수 있는 개혁안을 제시하고 있다.

LG화학의 대표이사 사장으로서 기업경영의 최일선에서 오랜 시간을 보내온 나로서도, 이 책에서 제시하는 기업의 혁신에 관한 여러 가지 참신한 아이디어들이 상당히 신선하고 타당하게 느껴졌다. 이 책에서 제시하고 있는 혁신적인 청사진이 한국인·한국기업·대한민국의 발전적인 미래를 제시하는데 도움이 될 것으로 생각하여 추천한다.

유철호
LG화학 전임 대표이사 사장

추천사

　현재 한국의 정치 및 사회 시스템은 국민의 고달픈 삶을 제대로 어루만져 주지 못하고 있다. 이런 한계 속에서 저자들은 국민 각자의 부유하고 행복한 삶을 희망하는 진정성으로 이 문제를 접근하고 있다.

　이들은 "국민 부자 시대"를 목표로 "혁신기업화"라는 구체적인 방도를 제시한다. 이를 위해 혁신기업들의 생생한 사례를 보여주면서 거대 연기금의 개혁과 국민의 직·간접적인 혁신기업 주식 소유 같은 로드맵을 펼치고 있다.

　이런 방안은 개발지상주의로의 회귀나 포퓰리즘적 복지정책 남발과 거리가 멀다. 이 책이 제안하는 연기금(국민연금, 퇴직연금, 개인연금 포함) 개혁과 안정적인 자본 중심 금융시스템 창조는 더 이상 미룰 수 없는 과제이다. 이 같은 모색과 대안 제시 노력이 한국 경제의 건강한 성장과 발전으로 이어져 "국민 부자 시대"가 앞당겨지기를 희망한다.

송의달
조선일보 편집국 선임기자

추천사

21세기는 자산, 매출 기준으로 '덩치 큰' 회사가 아니라 사람, 지식, 기술, 데이터를 가진 '똑똑한' 회사가 지배한다. 그래서 기업은 혁신에 집중해야 하고 국가는 소프트 파워를 키워야 하는 명확한 이유가 바로 여기에 있다. 이 책은 방대한 데이터를 바탕으로 심층 분석을 통해 어떻게 혁신기업이 부자 국민을 만드는지를 알려준다. 혁신을 배우는 학생, 혁신을 추구하는 기업 임직원, 혁신하는 기업을 증시에서 찾고자 하는 금융투자자 모두에게 도움이 되는 콘텐츠이다. 저자들은 혁신의 핵심 요소로 메가 트렌드, 인간의 기본적인 욕구, 단순하지만 검증된 비즈니스 모델을 손꼽는다. 다양한 국내외 사례들은 독자의 이해를 높이기에 충분하다.

혁신을 가속화 시키기 위해서 국민연금과 같은 장기 투자성 거대 자본의 혁신기업들에 대한 투자를 저자들이 획기적으로 요구한 점은 참신하다. 이 책은 국민, 기업, 정부에 대한 제언으로 결론을 맺는다. 국민 개개인이 집을 소유하고 국내 혁신기업의 주주가 되어야 한다는 저자들의 주장에 동의한다. 아울러 기업들은 혁신에 포커스하고 내수가 아닌 글로벌 경쟁에 타깃을 맞추어 임금 수준을 최고 수준으로 해야 한다는 구체적 제언은 의미심장하기까지 하다.

이남우
연세대학교 국제학대학원 객원교수

감수의 글

이 책의 주요 주제인 "혁신 자본주의Innovation Capitalism"라는 용어는 본 감수자와 최창규 대표가 최근 미국에서 많이 인용되고 있는 "메리토크라시Meritocracy"라는 개념을 놓고 토론하는 과정에서 탄생하였다.

혁신 자본주의와 메리토크라시라는 두 용어가 지향하는 점은 "개인의 자유와 창의성"을 극대화하는 것이고, "혁신"이라는 단어가 "메리트(성과에 대한 적절한 보상)"라는 개념을 충분히 포괄할 수 있다고 생각하였다. 또한 혁신이라는 개념이 경제학적으로는 조지프 슘페터의 "창조적 파괴", 경영학적으로 피터 드러커의 "혁신과 기업가정신", 크리스 텐슨의 "파괴적 혁신", 게리 하멜의 "핵심역량 경영혁명과 시대를 앞서는 미래경영전략" 등으로 구체화되어 왔기 때문에, 혁신 자본주의라는 용어를 제시하는 것이 경제학 및 경영학의 역사적 발전흐름에도 부합한다고 판단하였다.

동시에 사업혁신 전략으로 특화된 글로벌 사업혁신전략 컨설팅 회사에서 수십년에 걸친 경험과 지식을 바탕으로 한 구체적 실현도구가 구현되어 있다. 감수자와 최대표는 이 글로벌 컨설팅회사의 구체적인 실현도구를 바탕으로 축적해온 노하우들과 경험을 활용한다면, 오늘날 가장 중요한 논의 주제인 "어떻게 창의성을 경제적 성과로 연결할 것인가?"라는 물음에 대해서, 국가적 거시관점에서 가치 생산 주체인 기업의 미시관점까지 해답의 틀을 제공할 수 있을 것이라고 생각하였다.

이 책에서 소개하는 혁신의 틀을 제공한 IXL Center에 대해서 소개하고, 독자들이 본문을 읽어 나갈 때 도움이 되었으면 하는 마음에서, IXL Center가 제공한 전반적인 혁신의 틀에 관해서 간략하게 정의하려고 한다.

IXL Center는 미국 보스톤에 본사를 두고, "사업혁신을 통한 성장전략"에 집중하고 있는 글로벌 혁신전략컨설팅 회사이다. 이 회사의 유산은 ADL 전략컨설팅의 1880년대 2차 산업혁명기에 시작한 Technology Innovation Strategy부문이 분사한 회사이며, 또한 전략 개념을 정의한 마이클포터 교수가 세운 전략컨설팅 회사인 모니터 그룹과 협업하다가 2007년 IXL Center라는 회사로 독립 설립한 회사이다.

이 회사는 과거의 프로세스혁신 또는 6시그마와 같은 정해진 사업 전략을 잘 실현하기 위한 "전사 최적화용 혁신"보다는 메가 트렌드를 이용하여 회사의 "담대하고 획기적인 성장"을 목표하는 사업혁신 전략과 실행전략에 집중하고 있다. 이는 회사 리더쉽의 특성에 따라 "점진적인 혁신", "획기적인 혁신", "급진적인 혁신" 모두를 포함하지만 회사의 기존 역량을 고려하는 "획기적인 혁신"에 보다 주안

점을 둔다.

　"획기적인 성장을 위한 혁신"틀인 방법론을 제공함으로써, "몇 몇의 천재를 통한 발명Invention의 시대"를 넘어 "서로 다른 다양한 사람들의 '집단지성'을 통한 혁신시대"를 위한 "혁신실행 공통 언어"를 제공하고 있다. 이를 위해 GIMIGlobal Innovation Management Institute 라는 비영리 글로벌 혁신관리협회를 운용하면서 혁신관리사Certified Innovation Officer, Certified Chief Innovation Officer와 혁신관리기관 자격증을 발부하고 있다.

　책에서 이야기하는 혁신이란, 특정한 사람의 어느 순간의 인사이트나 창의적 아이디어를 통해서 이루어 진다기 보다는, 여러가지 서로 다른 특성이나 역량을 가진 사람들이, 특정 과제정의와 목표를 정의하고, 해당 과제실행을 위한 여러 단계인, 1) 관련 정보수집과 아이디어 및 인사이트 구축하기, 2) 4-5개 정도의 혁신을 통한 성장 영역 정의하기, 3) 4-5개의 특정 혁신 성장 영역내에서 사업컨셉(사업모델)을 구체화하기, 4) 특정 사업컨셉(사업모델)을 실행하기 위한 구체적인 실행전략 구축하기(사업 케이스구축) 등의 단계를 거치면서 "담대하지만 구체적이고, 실행가능한 획기적인 혁신" 방안이 만들어진다고 정의된다. 따라서 다양한 서로 다른 사람들의 창의적인 아이디어조각들을, 크고 담대한 사업개념으로 만들어 가는 과정은 대단히 어려운 과정이며, 이를 가능하게 하기위해서는 상호간의 커뮤니케이션할 수 있는 기준이나 공통개념이나 진행과정을 위한 틀로서의 공통언어 정의가 필요하다.

4가지 구성요소로 정의한 "혁신 프리미엄"의 개념은 혁신을 통해 얻으려는 목표를 명확히 할 수 있다.

또한 현재와 같은 변화의 시기에는 조직의 전략을 수립함에 있어, 변화를 활용한 "획기적인 혁신성장"을 위해서는, "선택과 집중"이라는 한정된 자원의 효과적인 활용을 통한 경쟁전략 이전에, 메가 트렌드, 고객의 니즈, 경쟁자의 움직임, 역량들의 변화들을 살펴서 혁신적인 성장 영역을 구축하기위한 "주변의 변화를 두리번거리기" 전략이 필요하다.

그리고 "획기적인 성과"를 달성하기 위해 제시한 혁신의 3가지 요소는 "메가 트렌드", "인간의 기본적인 욕구", "단순하고 검증된 비지니스모델"로 정의한다. 이 세가지 요소와 혁신의 결과인 획기적인 성과와의 연관관계를 설명하면 다음과 같다.

"메가 트렌드"는 현재 소위 "4차산업혁명"이라고 정의된 3가지 혁명적 사업영역인 "AI", "전기에너지", "바이오"의 변화 동인들을 이해하게 해 주며, 이러한 영역에서 솔루션을 구축하면, 소위 말하는 미래 10년 10배성장의 획기적인 성과 잠재력을 가지는 솔루션이 된다.

두번째 요소인 "인간의 기본적인 욕구" 요소와 상기 혁신적인 솔루션을 연결할 수 있으면, 이 솔루션은 시장관점에서 받아들일 준비가 된, 즉 사업성이 있는, 흥분되는 솔루션으로 탄생되는 것이다.

여기에 세번째 요소인 "단순하고 검증된 비지니스모델"을 적용함으로써, 해당 산업에서 구체적으로 활동하고 있는 가치사슬내 업체들과의 협업이나 네트워크 구성을 통해, 솔루션의 구체적인 실행력을 부여할 수 있게 된다. 동시에 상호 거래가격구조를 정의함으로써, 혁신의 구체화된 목표인 "혁신 프리미엄" 을 통해 얻으려는 구체적인 경제적인 가치(매출성장, 이익성장, 전략적 프리미엄, 사업적 옵션)를 획득할 준비가 된다.

이 세가지 혁신 요소외에 추가해야 할 요소는, 다른 조직이 쉽게 카피해서(결과적으로 남을 위한 혁신이 됨), 나의 창출된 혁신성과가 쉽게 무너지지 않게 하기위해 지속적인 잠재경쟁자 대비 사업경쟁력 요소를 준비하여야 한다. 이는 기본 경쟁력 요소인 TQC Time, Quality and Cost로 표현되는 보다 빠르게, 보다 좋게, 보다 싸게와 더불어 흉내낼 수 없는 사업가치사슬 전반에 걸친 통합된 노하우 및 역량(예를 들면, 특허권, 이케아의 경쟁력 있는 공급자파트너 사슬 구축, 삼성전자의 초격차 전략, 한국기업들의 장기적관점의 과감한 설비투자 등)을 준비해야 한다.

이 책에서 혁신이란 "새로운 방식으로 새로운 가치를 창출하고 획득하는 것" 이라고 정의하였다. 여기에 사업의 개념을 더하면 지속성 going-concern이다. 즉 혁신은 획기적인 성과를 내는 사업을 지속하게 해 주어야 한다.

그러므로 혁신은 어렵고 희귀한 것이다.

앞에서 서술한 것처럼 혁신을 완성하려면, 창의라는 요소와 더불어 이를 경제적 가치를 만들기 위한 방안, 신생대기업으로 성장하기 위한 지속인인 경쟁력 구축을 수행하여야 한다.

이는 사람이 해야 하는데, 혁신을 하려는 기업가정신을 가진 리더가 있고, 리더의 비전과 미션 및 목표와 하나된 규율화된 조직이 필요하며, 리더를 포함한 조직원들이 혁신실행을 위해 상호 커뮤니케이션할 수 있는 공통언어인 방법론과 프로세스가 내재화 되어야 한다.

이러한 조직을 "혁신생태계"라고 부른다. 혁신 생태계의 형태는 기업형태처럼 "강한연결tightly-coupled조직" 형태와 정부차원의 혁신생태계와 같은 "느슨한 결합loosely-coupled조직" 형태가 존재한다. 형태와 무관하게 혁신생태계의 비전과 미션 및 목표를 이끄는 리더쉽, 공통언어인 방법론과 프로세스 그리고 생태계의 문화를 포함한 규율성이 필요하다. 이 중에서도 가장 중요한 우선 순위를 꼽는 다면, 혁신생태계내의 다양한 생각과 전문성 및 역량을 아우를 수 있도록 공통언어인 혁신방법론에 대한 자격증제도 도입의 필요성이다. 자격증제도가 도입되면, 동일한 틀의 기반 하에 혁신지식이나 경험 축적의 깊이가 심화되고 동시에 혁신은 획기적인 속도로 진화될 것이다.

혁신은 대한민국을 지속적으로 성장하게 해온 중요한 자원이다. 지금까지는 정부와 기업가 그리고 국민들이 애국심으로 똘똘 뭉쳐 "가난한 국가에서 부강한 국가로"라는 하나의 비젼과 미션 그리고 우리라는 공동의식을 가지고 대한민국호가 글로벌 최고의 혁신국가로 성장하였다. 혁신결과물은 기업과 개인이 일자리라는 연결관계로만 이루어져 왔기 때문에 결과적으로 개인들에게 일부만 돌아갔다.

대한민국은 이젠 더 이상 가난한 국가가 아니고, 대한민국의 MZ 세대는 부자나라에서 태어난 사람들이다. 대한민국호는 새로운 비젼인 "세계의 혁신을 이끌어서, 최고의 일자리를 제공하는 선진국"으로 재정의하고, 기업과 개인의 관계가 일자리 뿐 아니라 투자자 관계로 연결관계를 만들어 혁신의 결과물이 보다 많이 개인에 돌아갈 수 있게 하고, 이에 맞는 국가 전략과 관련 실행을 위한 "강력한 혁신 생태계" 구축이 필요한 시점이다.

2022. 2. 10.

감수자 김진홍

IXL Korea 대표

머리말

    인간은 욕망으로 이루어진 피조물이다. 끊임없이 부유함을 추구하면서, 어제보다 더 나은 삶을 갈구한다는 점에서 그렇다.

    그러나 어떻게 해야 개인의 욕망을 충족시킬 수 있을지, 더 나아가 어떻게 해야 충족된 개인의 욕망을 부유하고 더 나은 사회를 만드는 원동력으로 승화시킬 수 있을지, 그 구체적인 방안을 제시하기란 쉽지 않다.

    한국이 세계화의 흐름 속에서 국가간 상호작용에는 민감하게 반응하였지만, 지속가능한 발전을 위한 국민·기업·정부간의 유기적인 관계를 도외시하였고, 그 결과 2022년 현재의 경제주체들은 각자도생의 길만을 걷고 있다.

    그러나 혁신은 희귀한 것이며, 특히 오늘날과 같이 개방화 및 연결화 된 시대에는 더욱 희귀한 것이기 때문에, 기업이 혁신을 달성하기 위해서는 반드시 "장기 투자성 거대 자본의 혁신기업 투자 집중화와 금융시스템 고도화"가 뒷받침이 있어야만 한다. 이처럼 거대자금에 의한 자본적 투자를 가능하게 하는 힘은 유일하게 연기금에 있다.

    2022년 1월 현재 기금규모가 1000조원을 눈앞에 둔 국민연금은 절대적 기준으로도 하나의 거대자본이다. 이 소중한 국민의 자산을 채권(회사채 금융채)과 해외주식에 높은 비중으로 투자하는 것을 지양하고, 획기적으로 국내 혁신기업들에 투자하도록 해야 한다. 이 과정에서 국민연금공단은 퇴직연금, 개인연금 등과 연동하는 개별 지수화된 펀드들Index Funds을 추천하고, 그 수익률을 주기적으로 공시함으로써, 국민들은 공시된 정보를 바탕으로 자신의 퇴직연금과 개인연금IRP이 투자하는 펀드를 스스로 고를 수 있도록 해야 한다. 이렇게 조성된 거대펀드는 혁신기업에 지속적으로 투자할 수 있게 되고, 이들 펀드들을 통해 국민은 혁신기업의 직·간접적 주주가 되고, 혁신기업과 풍요로운 이익을 공유하게 된다.

국민연금, 퇴직연금, 개인연금 등을 매개로 하는 혁신기업 투자 집중화와 금융시스템 고도화를 통해서, 부채Debt에 의존하는 기존의 은행중심의 정경유착 자본주의로부터 탈피하고, "주식시장Equity Market이 중심이 되는 패러다임의 전환Paradigm Shift"이 이루어져야 한다. 새로운 패러다임에서는 스타트업과 벤처기업이 혁신을 매개로 하여 유니콘 기업의 개념을 포함하는 혁신신생대기업으로 수월하게 성장할 수 있다. 또한 기존의 자영업자·중소중견·대기업은 국가가 선제적으로 주도하는 R&D의 성과물을 활용하여 경쟁력을 유지하며 발전을 이룰 수 있게 된다. 이를 통해서 국민·기업·정부 모두가 부유해지고 부가 확산·재생산되는 선순환이 이루어진다. 기업의 혁신을 통해서 국민 개개인이 경제적으로 부유한 삶을 누리기 위해서, 정부는 그에 상응하는 높은 수준의 스마트한 역량을 갖춤으로써 혁신의 기반을 제공해야 한다.

한국이 지금까지는 전 세계 경제지표에서 후발주자로서 선진국을 따라잡기 위한 패스트 팔로워Fast Follower였다면, 앞으로는 한국이 세계 경제의 리더가 되는 시대가 될 것이다. 왜냐하면 모든 지표가 한국이 미국, 독일, 일본, 중국보다도 훨씬 혁신적인 국가라는 것을 말해주고 있기 때문이다. 대한민국에 찾아온 이토록 훌륭한 기회를 최대한도로 활용하여, 세계 최고의 혁신적인 국가인 한국에서 "혁신기업"들이 국민연금 등의 거대 자금의 지원을 받아 세계 무대에서 더욱 경쟁력을 갖게 된다면, "부자국민"들의 삶은 더욱 윤택하고 행복해질 것임이 명약관화明若觀火하다.

2008년 미국의 서브프라임모지기 사태로 촉발된 글로벌 금융위기는 자본주의Capitalism와 신자유주의Neoliberalism가 지속가능한 체제인지에 대한 근원적 물음을 던지기도 하였다. 이에 월스트리트를 점령하라Occupy Wall Street 운동, 시진핑習近平의 붉은 자본주의Red Capitalism, 사회주의적 포퓰리즘Populism 등이 자본주의의 대안을 제시할 수 있는 것처럼 주장하였으나, 이들은 모두 지속성 내지 발전 가능성이 결여되어 있다는 명백한 한계점을 갖고 있다. 이와 같은 자본주의의 반동적 대안들을 모색하기 보다는, 기업의 가치와 혁신을 중시하는 전통 자본주의가 발전과 진화를 이루어, 개인이 경제적 자유 속에서 최대한의 행복과 높은 수준의 존엄성을 지키는 것이 바람직하다고 생각한다. 많은 사람들이 자본주의 내지 신자유주의에 대한 발전적 대안을 갈망하고 있음은 명백한데, "혁신기업이 부자국민을 만든다"를 핵심으로 하는 혁신 자본주의의 도전적 제시가, 그 구체적인 아이디어들의 독자성으로 인하여 독자들로부터 상당히 높은 호응을 얻을 수 있기를 기대한다.

이 책은 3부로 구성되어 있다: 제1부(혁신과 가치)의 1장 "혁신과 가치"에서는 혁신과 가치를 개념정의하고, 모든 사람이 소비자이고 생산자이자 기업가인 시대에는 혁신이 한편으로는 기업의 생존을 위한 요구이자 다른 한편으로는 혁신신생대기업으로 성장하고 지속적으로 성장하기 위한 매개체가 되며, 사람마다 다른 신체적·지성적·인성적·기업가적 차이를 인정하는 것이 혁신을 일으키는 원동력이 될 수 있음을 설명한다. 제1부의 2장 "혁신의 필요성"에서는 혁신이 투자자본에 대한 더 나은 접근성을 제공하고 모든 당사자에게 더 많은 수익을 제공한다는 것을 설명하며, 혁신에 실패한 유럽, 일본, 천연자원부국들의 사례를 차례대로 살펴봄으로써 혁신의 필요성을 제시한다. 제1부의 3장 "혁신의 핵심요소"에서는 혁신의 구체적인 요소들이 메가 트렌드, 인간의 기본적인 욕구, 단순하고 검증된 비즈니스 모델 등임을 설명하고, 이러한 구체적인 요소들에 가장 부합하는 구체적인 기업들의 예를 설명함으로써 이론의 사례에의 적용을 모색한다.

제2부(혁신 자본주의)의 4장 "혁신 자본주의에 반하는 경제이데올로기"에서는 혁신 자본주의의 대전제가 "국민의, 국민에 의한, 국민을 위한"이라는 민주주의 원칙에 부합하는 것과 국민 개개인의 "선택할 자유"를 극대화 하는 것에 있음을 밝히고, 사회주의, 정경유착 자본주의, 중국식 붉은 자본주의가 이러한 대전제와 자유의 극대화에 반하기 때문에 잘못 되었음을 비판한다. 제2부의 5장 "혁신 자본

주의의 구조"에서는 혁신 자본주의를 자본주의와 비교함으로써 혁신 자본주의가 갖는 기업의 가치와 혁신을 중시하는 모습 및 개인-기업-정부의 역학관계를 설명하고, 주식회사 미국Corporate America으로 대표되는 정부 중심의 R&D 투자 모델을 모방하여 우리도 주식회사 대한민국Corporate Korea으로의 전환을 이루어야, 세계에서 가장 혁신적인 국가로서 대한민국의 위상이 더욱 빨리 확립될 것임을 논의한다.

제3부(혁신 자본주의를 위한 패러다임의 전환)의 6장 "주식 투자"에서는 1609년-1989년을 은행의 시대라고 명명할 수 있다면, 1990년-현재는 은행의 시대를 극복한 주식시장의 시대가 열렸음을 설명하고, 일본이 여전히 은행중심의 경제구조를 갖고 있고 독일은 이제서야 저축이 아니라 주식 투자의 중요성을 인식하는 단계에 머무르고 있기 때문에 두 나라의 발전이 지체되고 있다는 것을 분석한 뒤, 한국이 주식 투자의 시대로 나아가기 위한 걸림돌로서 코리아 디스카운트 문제의 해결책을 생각한다. 제3부의 7장 "연기금"에서는 현행 국민연금의 문제점과 운용실태를 살핀 뒤, 최근 이슈가 되고 있는 동학개미운동과 연계하여 국민의 주식 투자를 활성화 함으로써 국민연금을 개혁하는 방안을 제시하고, 국민연금 등 모든 연기금이 부동산과 회사채에 투자하는 것은 금물이라는 것을 주장한다. 제3부의 8장 "부동산"에서는 인간의 기본적인 욕구로서 집이라는 관점에서 모든 국민이 주택을 갖도록 만드는 정책을 펼쳐야 하며, 싱가포르가 주택 자가보유율이 90%에 이르는 기적을 달성함으로써 경제적 기반이 탄탄함을 설명한다. 제3부의 9장 "기업가 발굴 및 R&D"에서는 대학이 혁신의 요람으로서 R&D를 주도해 나가야 하며, 이 R&D는 대학

등 민간에만 맡겨서는 안 되고 정부도 나서야 함을 설명한다.

　공저자들은 이 책의 모든 주장들이 기업의 혁신을 촉진하고, 이러한 혁신기업이 부자국민을 만든다는 것을 확신하고 있다. 이 책의 주장들에 대해서, 공론장에서의 건전한 비판과 발전적 대안을 기다리고 있으며, 이러한 공적 논의를 이루어 갈 채널들도 마련할 것임을 약속한다.

2022. 2. 4.
임인년이 시작되는 입춘일에,
공저자 **최창규·조영국·김덕일**

목 차

제 2부　혁신 자본주의

그림 목차

표 목차

제 **1** 부

혁신과 가치

제1부
혁신과 가치

1장 : 혁신과 가치

Ⅰ. 혁신과 가치의 개념정의

혁신Innovation이란, "새로운 방식들로 새로운 가치를 창출하고 획득하는 것The Creation and Capture of New Value in New Ways"이다. 가치Value는 "인간의 욕구와 관심을 충족시키는 모든 것"을 의미하는데, 이러한 인간의 욕구와 관심은 경제적·사회적·이론적·도덕적·종교적인 기준으로 분류되어 구체화 할 수 있다.

이 책은 가치를 구체화하는 여러 기준들 중에서도 경제적인 것, 그 중에서도 특히 "기업이 창출하는 경제적 가치"에 집중을 하려고 한다. 그 이유는 이 책이 자본주의의 발전적 대안으로 제시하는 혁신 자본주의Innovation Capitalism의 구조 하에서는, 연기금 등의 발전적 활용을 통한 자본의 고도의 집중화를 통해서, 혁신의 원천인 대학과 연구소 등에서 정부의 지원으로 이루어지는 연구개발Research and Development, R&D이 성과를 거두도록 만들고, 국민이 직·간접적으로 기업의 주식을 소유하여 구체적인 기업실적(=경제적 가치)을 공유함으로써 보다 부유한 삶을 누리는데 있어서, 혁신을 이룩한 기업만이 강력한 원동력이자 궁극적인 주체가 될 수 있다고 생각하기 때문이다.

II. 모든 기업에게 요구되는 혁신

혁신은 자영업자소상공인·중소중견기업·대기업과 같이 기업의 규모를 기준으로 하는 전통적인 기업의 분류에서나, 스타트업신생 창업기업·벤처기업첨단 기술과 아이디어를 기반으로 하는 도전기업·유니콘기업10년 이하의 스타트업 중 기업가치 10억달러 이상인 비상장기업과 같이 기업의 성질에 따른 현대의 새로운 분류에서나, 모든 **기업들에게 공통적으로 요구된다.** 기업에게 혁신이 요구되는 이유는, 기본적으로 기업이 시장으로부터 도태되지 않고 **기업이 생존해 나가기 위한 최소한의 요구**라고도 할 수 있다.

기업의 규모를 불문하고 생존을 위해서 모든 기업에게 혁신이 요구된다는 것의 예로써, 모 유명 백화점에서의 M빙수집의 철수 사례를 들 수 있다. 이 빙수집이 갑자기 맛이 나빠졌다거나 서비스가 불친절해져서 백화점에서 철수할 수밖에 없었던 것이 아니다. 백화점의 식당가에서도 핵심입지에 자리 잡은 빙수집이 좋은 입지에 상응하는 임대료를 지불하고 나니 수익이 충분하지 않았던 것이고, 같은 가격에서 더 맛있는 빙수를 제공하는 경쟁업체가 너무나 많아져서 철수할 수밖에 없었던 것이다. 그 빙수집은 그 장소에서 예전과 같은 수준의 맛있는 빙수를 계속해서 만들어서 판매하고 있었을 뿐이다. 이러한 예에서 알 수 있듯이, 혁신은 가치창출을 이루어 내는 핵심요소이기 때문에, 지속적인 혁신이 이루어지지 않으면 도태될 수밖에 없다.

III. 스타트업을 혁신신생대기업으로 성장시키는 혁신

혁신은 희귀한 것 Innovation is scarce이며, 오늘날과 같이 개방되고 연결된 국제경제질서 속에서도 인정받을만한 혁신이라고 하는 것은 더욱이나 매우 희귀하다. 누구나 국제적 수준에서 혁신기업이라고 인정할 수 있는 기업들은 아마존, 구글, 애플, 페이스북, 마이크로소프트, 삼성전자, LG에너지솔루션 등 매우 소수에 불과하다. 개방되고 연결된 국제경제질서에서는 정보가 너무나도 잘 흐르기 때문에, 즉시성이 요구되는 환경에서 혁신을 일으켜야만 하고, 누구나 할 수 있는 정도를 해내서는 혁신을 달성할 수 없다. 이 때문에 **국제적 수준에서 통할 수 있는 높은 수준의 혁신을 위해서는 국가적 차원에서의 R&D가 있어야 하고, 이 R&D를 뒷받침하기 위한 거대자금이 형성되어 있어야 한다**. 특히 한국과 같은 환경에서는 국가적 차원의 R&D를 위해서 **정부가 선제적으로 나서야** 하며, 이미 자본이 충분히 축적된 **연기금을 국내주식 투자에 집중하도록 개혁을** 달성해야 한다. 특히 연기금은 중요한 제도적 요소이기 때문에, 한국금융을 개혁하는 원동력이 될 수 있고 부의 분배시스템을 바꾸는 획기적인 툴이 될 수 있다.

고도의 자본의 집중화를 통한 국가적 차원의 R&D를 통해서, 그토록 희귀한 국제적 수준에서의 고차원적인 혁신을 달성하게 되면, 어떠한 경제적 성과가 발생하는가? 바로 **스타트업과 벤처기업이 이 혁신을 타기만 하면 자연스럽게** (유니콘기업을 포함하는 광의의 개념으로서) **"혁신신생대기업"** 으로 성장하게 되는 경제적 성과가 이루어진다. 혁신의 성과를 기반으로 하는 혁신신생대기업이 수월하게, 그리고 매우 많이 나오도록 만드는 것이 혁신 자본주의가 추구하는 핵심 중의 하나이다. 한국에서 혁신신생대기업으로 충분히 불릴만한 네이버, 카카오, 하이브, 크래프튼 등의 기업들이 혁신을 기반으로 수없이 탄생할 수 있는 시스템적 요소를 만들어야 한다.

IV. 모든 사람이 소비자이고 생산자이자 기업가

① 로봇화에 의해서 강제된 기업가 정신

기업의 혁신을 논의함에 있어서, 로봇화에 의한 자동화로 인해서 전통적인 노동력의 중요성이 감소하고, 이 때문에 수많은 개인들이 (소상공인으로서) 창업에 내몰리는 현실을 고려야만 한다. 국제로봇연맹International Federation of Robotics, IFR의 통계에 따르면(IFR 2021), 2019년 제조업 노동자 만명당 로봇수를 의미하는 로봇 밀도에서 한국은 868대를 기록했다. 이 수치는 싱가포르에 이어 세계 2위에 해당하고, 인구 5천만 명 이상 국가 중에서는 1위로서 3위인 일본의 364대를 크게 따돌리는 것이다. 이는 한국이 LCD, 메모리칩, 자동차, 전기차용 배터리 부문에 두각을 나타냈기 때문이다.

혁신기업이 부자국민을 만든다

[그림 1] 세계 주요 국가별 제조업 노동자 만명당 로봇수(2019년)

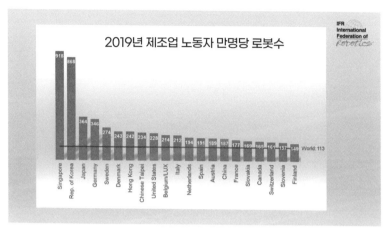

주(註): 빨간선-세계 평균 113
출처: International Federation of Robotics(https://ifr.org/news/robot-race-the-worlds-top-10-automated-countries/)

이미 산업현장에서는 인공지능 로봇이 사람을 대체하고 있고, 앞으로 모든 제조 공장들이 단순 반복적인 공정에 로봇을 더 많이 사용하게 될 것이다. 제조업의 일자리는 빠른 속도로 사라지면서 실업자가 발생할 것이고 실업에 의해서 자영업자가 증가할 수밖에 없는 역설적인 현상이 일어난다. 이를 극복하는 전략의 제시가 각 국가에게 주어진 과제이다. 이는 필연적으로 자영업자의 증가로 이어진다.

② 자영업자(소상공인, 소기업)

자영업자란, "근로자를 고용하거나, 고용주 혼자서 일하거나 또는 무급 가족 노동자와 일하는 사업자이다." 한국 경제의 독특한 특징 중의 하나가 그 발전수준과 국가 규모에 비해서 자영업자의 비율이 높다는 것이다. 경제협력개발기구Organisation for Economic Co-operation and Development, OECD의 통계에 따르면, 2020년 한국의 전체 취업자 중 자영업자 비율은 24.6%로 회원국 중 7위를 차지했으며, 이는 선진국인 미국 6.3%, 독일 9.6%, 일본 10%에 비해서 상당히 높은 수치이다(OECD n.d.).

[그림 2] 전체 취업자 중 자영업자의 비율(상위 주요 국가 우선, 2020년)

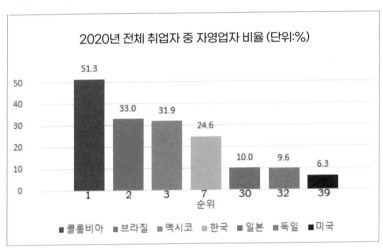

출처: OECD(https://data.oecd.org/emp/self-employment-rate.htm)

대기업은 세계시장에서 경쟁을 할 수 있지만, 약 700만명에 달하는 한국의 자영업자들은 상당수가 내수경제에 의존할 수밖에 없다. 따라서 자영업자들은 어떻게 하면 새롭게 부가가치를 창출하고, 획득할 수 있느냐를 고민해야만 한다. 이 책은 이를 "**강제된 기업가정신**Forced Entrepreneurship"이라고 정의한다. 실직 후 모두가 치킨집을 차릴 수밖에 없다면, 그 치열한 경쟁의 승자는 결국 치킨을 남보다 더

혁신기업이 부자국민을 만든다

맛있고 싸게 만들어서 문 앞까지 신속하게 배달해 주는 가게가 될 것이다. 과거에는 한국에 자영업자가 많은 것을 후진적이라고 하였지만, 어차피 전 세계적으로 로봇화에 의한 자영업자의 증가는 불가피한 현상으로 받아들여지고 있다. 따라서 한국은 다른 나라보다 더 이른 시기에 이러한 구조적 변화를 겪음으로써 강제된 기업가정신을 통한 혁신의 기회를 더 빨리 맞이했다고 볼 수 있다.

③ 중소기업

한국에서 가장 많은 근로자들이 일하는 곳은 대기업이 아니라 중소기업이다. 중소기업벤처부에 따르면, 2018년 현재 중소기업은 전체 기업수의 99.9%를 차지하고 전체 근로자의 83.1%가 중소기업에 근무하는 것으로 나타났다(황희경 2020).

[그림 3] 우리나라의 기업체 수와 종사자 수 비교(2020년)

출처: 중소기업벤처부(https://www.mss.go.kr/site/smba/foffice/ex/statDB/MainSubStat.do)

세계 시장의 최전선에서 경쟁하는 대기업과 국내 고용의 대부분을 담당하는 중소기업, 이러한 역설적 경제구조에서 700만 자영업자 모두가 소비자이고 생산자이자 기업가라는 인식의 전환을 이루어야 한다. 개별 경제활동의 주체들이 얼마나 기업가정신을 가지고 혁신할 수 있느냐가 성공의 관건이다.

④ 대기업

세계적 경쟁력을 가지고, 한국경제를 이끄는 엔진은 대기업이다. 공정거래위원회는 2020년 5월 1일 자산총액 5조원 이상의 64대 기업집단을 발표했다. 공정거래위원회의 자료는 자산 총액 5조원 이상 그룹의 계열사 수는 증가하고 있으며, 이 중 삼성, 현대차, SK, LG, 롯데 상위 5대 그룹이 64대 기업집단 안에서도 차지하는 비중이 여전히 높다는 것을 보여준다(공정거래위원회 2020).

[표 1] 전체 공시 대상 기업집단(64개)에서 차지하는 비중 (단위:%)

구분	자산 총액	매출액	당기순이익
상위 5개 집단	52.6%	55.7%	68.5%
상위 10개 집단	68.3%	71.8%	79.6%
상위 34개 집단	89.4%	91.0%	88.0%
하위 30개 집단	10.6%	9.0%	12.0%

출처: 공정거래위원회(http://www.ftc.go.kr/www/selectReportUserView. do?key=10&rpttype=1&report_data_no=8548)

한국CXO연구소가 2020년 6월 11일 발표한 자료에 따르면, 64대 그룹 계열사가 올린 매출은 1,617조원으로서 2019년 한국의 명목 국내총생산Gross Domestic Production, GDP의 84.3%를 차지한다. 그 중 삼

성의 매출은 GDP의 16.4%, 삼성 안에서도 삼성전자의 매출은 GDP
의 8%에 이른다. 삼성이 26만명을 고용하고 있음에도 불구하고, 국
내 전체 고용 인원 1,386만명 중 64개 대기업 그룹이 고용한 직원 수
는 158만명에 불과한 것으로 나타났다(김영신 2020).

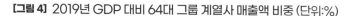

[그림 4] 2019년 GDP 대비 64대 그룹 계열사 매출액 비중 (단위:%)

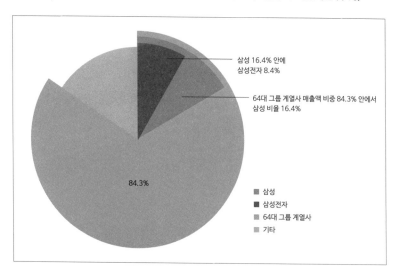

[그림 5] 국내 전체 고용 인원 수에서 64대 그룹 계열사 종업원 비율 (단위:%)

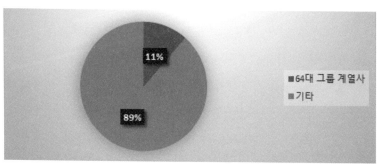

출처: CXO연구소, 연합뉴스에서 재인용··가공(https://www.yna.co.kr/view/
AKR20200610168600003)

V. 사람마다 다른 신체적·지성적·인성적·기업가적 차이

기업의 규모·성질을 불문하고 혁신은 모든 기업에게 요구되며, 혁신신생대기업으로 성장해 나가는 핵심요소도 바로 혁신이다. 기업의 혁신을 논의하기 위한 핵심적 요소가 기업가정신인데, 이 기업가정신을 논의하기 위한 전제로서 사람마다 타고난 소질이 있으며, 훈련으로도 극복할 수 없는 신체적, 지성적 차이가 존재한다는 것을 전제해야 한다.

태초부터 대기업을 운영할 수 있는 역량을 갖고 태어난 사람이 있고, 애초에 그 능력이 안 되는 사람이 있는 것이다. 이는 냉정한 현실의 문제이기 때문에, **기업가정신을 논의하는데 있어서는 개인마다 타고난 능력과 역량의 차이는 받아들여야만** 하는 경우가 많다. 이러한 선천적 차이를 무시하고 섣부른 평준화를 통해서, 모든 사람이 보통 수준의 혁신에 머무르게 만들어서는 안 된다. 사람마다 선천적으로 다른 신체적·지성적·인성적·기업가적 차이를 솔직하게 인정하는 것은 더 크고 더욱 높은 수준의 혁신을 만들어 내는 원동력이 된다.

이러한 선천적 능력과 재능은 경쟁을 통해서 그 차이가 확연히 드러난다. 세계 최고가 되기 위해서 노력하지 않는 선수가 어디 있겠는가? 위대한Great 선수와 좋은Good 선수를 가르는 요소는 바로 선천적 재능의 차이에 있다. 육상 100m 세계기록 보유자 우사인 볼트Usain Bolt, 농구의 마이클 조던Michael Jordan와 축구의 리오넬 메시Lionel Messi는 다른 선수들과 차원이 다른 천재성을 가지고 있다. 한국의 양궁 선수들, 박세리를 시작으로 LPGA를 제패했던 여자 골프 선수들, 피겨 스케이팅의 김연아 그리고 배구의 김연경도 치열한 경쟁과 노력 끝에 세계 최고수준의 자리에 올랐지만, 선천적 재능이 없었다면 불가능한 일이었다. 지성적으로도 과학사에 굵직한 족적을 남긴 아이작 뉴턴Isaac Newton과 알베르트 아인슈타인Albert Einstein은 수재들이 모인 과학계에서도 타의 추종을 불허하는 천재들이었다.

기업가의 기업가정신은 어떠한가? 선천적 재능과 인성과 같이, 기업가정신은 타고나는 것이다. 스티브 잡스Steve Jobs와 일론 머스크Elon Musk는 그러한 기업가가 되도록 타고난 것이지, 아무리 가르친다고 해서 길러지지 않는다. 대신에 그러한 자질을 가진 사람을 찾아내는 것이 기업과 벤처투자자 및 대학이 해야할 일이다. 세계 최대 사모펀드 운용회사인 블랙스톤Blackstone의 창업주 스티븐 슈워츠먼Stephen Schwarzman은 기업가정신이란 경영학, 경제학 수업을 통해서 배울 수 있는 게 아니라 선천적으로 결정된다고 하였다. 그는 어릴 때부터 어떤 문제와 맞닥뜨렸을 때 본능적으로 그 문제를 회피하지 않고 해결하려고 했고, 그는 그것을 기업가정신이라고 정의한다(한예경 2020). 혁신적인 기업가는 불확실한 미래의 시장 가능성을 포착하여 위험을 무릅쓰고 도전하여 성공해 낸다는 것이다.

2장 : 혁신의 필요성

Ⅰ. 새로운 가치를 창출하는 혁신

혁신을 논의할 때, 조세프 슘페터Joseph Schumpeter와 피터 드러커Peter Drucker를 빼놓고 이야기할 수 없다. 슘페터는 기술의 혁신과 그 혁신을 이끄는 기업가를 강조하였다. 그의 주장은 "창조적 파괴Creative Destruction"로 압축된다. 새로운 기술은 과거의 기술을 파괴하고, 새로운 패러다임을 만들어 낸다. 슘페터가 기술적인 혁신에 중점을 두었다면, 드러커는 "기업가 정신Entrepreneurship"을 통한 혁신을 강조했다. 드러커에게 미래의 불확실한 가능성에 대한 기업가의 도전과 모험정신이 혁신이며, 그것은 기업의 지속가능한 성장을 위한 필수조건이다. 그리고 기업뿐만 아니라 정부와 국민 개인도 혁신을 해야 전체 사회가 발전할 수 있다.

개인·정부·기업은 혁신을 통해서 투자자본에 대한 더 나은 접근성을 제공하고, 모든 당사자에게 더 많은 수익을 제공하게 된다. 혁신적인 정부, 혁신적인 기업, 혁신적인 개인의 브랜드 가치는 높아지고, 이로 인해 해당 개인·정부·기업의 제품, 상품, 서비스는 상대적으로 더 높은 가격으로 판매할 수 있게 된다. 개인·정부·기업도 보다 혁신적인 개인·정부·기업을 파트너로 선택하게 된다. 궁극적으로 사람들은 그들의 창의성을 발휘하고, 성장하는데 필요한 조건을 갖춘 혁신적인 개인·정부·기업과 일하기를 원한다. 투명하고, 예측 가능하고, 공정한 체제를 정부가 확립하고, 그 시스템에서 기업과 개인은 효율성을 높이고, 획기적인 혁신으로 각 분야에서 지속가능한 발전을 할 수 있다. 결과적으로 혁신을 이끄는 개인·정부·기업은 그들과 관계된 소비자들의 이익을 실현시키고, 그들로부터 고객 충성과 선호 그리고 매력을 확보하게 된다(IXL Center 2018, 5).

[그림 6] 혁신 프리미엄 획득 참여자들의 구분과 그 사례

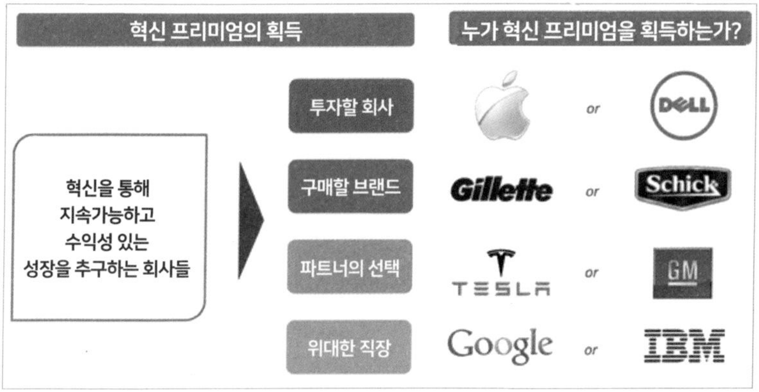

출처: IXL Center 2018, 5 수정·가공

기업에 한정해서 혁신을 해야만 하는 첫 번째 이유를 제시한다면, 이는 새로운 가치를 "창출"하는 것이기 때문이라고 답할 수 있다. 기업은 새로운 고객, 새로운 유통 채널, 새로운 사업 모델, 새로운 파트너, 새로운 가격 정책 등과 같이 일을 다르게 할 수 있는 많은 방법이 있다. 그러나 새로운 가치의 창출은 꼭 세상에 새로운 것이어야만 하는 것은 아니다. 그것은 단지 기업 내에서 새로운 것이면 충분하다. 다른 산업이나 다른 지역에서 아이디어를 차용하면, 기업에 적용할 수 있는 새로운 관점이 생기게 된다. 새로운 가치의 창출을 위해서는 아래 표와 같이 메가 트렌드Mega Trend, 경쟁자의 움직임과 대

응Competitor Move and Responses, 변화하는 고객의 요구사항Changing Customer Needs, 변화하는 역량Changing Capabilities 등 분야를 상세히 분석하고 고려해 보아야 한다. 혁신을 해야만 하는 두 번째 이유는 새로운 방식으로 가치를 "획득"하는 것이기 때문이다. 기업이 이 가치를 획득하지 않으면, 그것은 혁신으로 간주되지 않는다. 기업은 새로운 매출 증대, 새로운 비용 절감, 새로운 전략적 프리미엄 혹은 새로운 실물 옵션을 통해서 경제적 가치를 획득한다(IXL Center 2018, 8).

[그림 7] 새로운 가치창출을 위한 활동

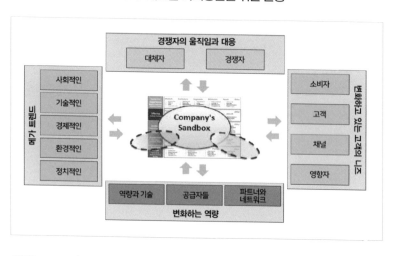

주(註): Company's Sandbox(현재의 고정된 사업영역)
출처: IXL Center 2018, 33

혁신기업이 부자국민을 만든다

Ⅱ. 유럽과 일본의 쇠락

① 유럽: 혁신기업의 부재

혁신은 대기업과 새로운 기업들로부터 나오며, 그 혁신은 국부로 이어진다. 영국의 주간지 이코노미스트The Economist는 혁신에 실패한 후 쇠락하고 있는 유럽을 통렬히 비판하였다. 이 기사에 따르면, 1984년 유럽을 방문한 한 미국청년은 실패한 기업가들에게도 재기할 수 있는 기회가 주어져야 하고, 비효율적인 정부관료들 행태를 비판하였다. 그러나 당시 미국에 견줄만한 경제적 영향력을 가지고 있던 유럽의 기업들은 이 청년의 조언을 귀담아 듣지 않았다고 한다. 그 청년은 바로 스티브 잡스였다. 40년 가까이 흐른 현재 그가 설립한 애플Apple의 가치는 독일 주가지수에 상장된 30대 기업의 시가총액보다도 크다. 2000년대 초 영국과 스위스를 포함하여 41개의 유럽기업이 세계 100대 기업에 이름을 올렸지만 지금은 유럽기업이 15개에 불과하다. 2000년 유럽 100대 기업의 가치는 4.6조 달러에서 현재 8.9조 달러로 1.9배 늘어났지만, 같은 기간 미국 100대 기업의 가치는 7.4조 달러에서 26조 달러로 3.5배 증가하였다. 미국이 글로벌 비즈니스의 선두를 유지하는 것과 대조적으로 2000년 이후 세계경제에서 유럽이 차지하는 비중은 하락하고 있다.

[그림 8] 전 세계에서 유럽이 차지하는 GDP와 시가총액의 비중 (단위:%)

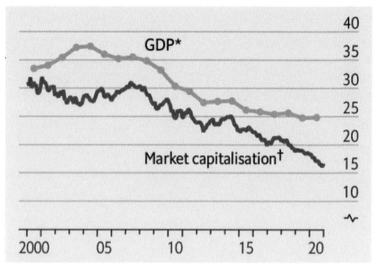

주(註): 유럽연합 27개국과 영국, 노르웨이, 스위스 포함

출처: IMF・Refinitiv Datastream, The Economist에서 재인용(https://www.economist.com/briefing/2021/06/05/once-a-corporate-heavyweight-europe-is-now-an-also-ran-can-it-recover-its-footing)

유럽이 쇠락하게 된 가장 큰 원인은 혁신신생대기업의 부재이다. 대기업은 혁신에 기여하고, 혁신은 경제를 성장시키는 원동력이다. 대기업은 새로운 기술을 더 효율적으로 받아들일 수 있고, R&D에 더 많이 투자할 수 있다. 그러나 유럽은 여전히 중소기업을 선호하고 있다. 대기업이 부족한 유럽은 GDP의 2.1%만을 연구에 투자하고 있으며, 이 수치는 OECD 평균 이하이다. 미국 기업이 소프트웨어와 전자상거래에 일찌감치 진출한 반면 유럽 기업은 변화하는 트렌드에 둔감하였고, 미국 기업이 개인투자자와 대형 연기금으로부터 자본을 조달할 수 있었던 반면, 유럽 기업은 그렇지 못하였다. 마지막으로 메타플랫폼스Meta Platforms(전 페이스북 Facebook), 애플Apple, 아마존Amazon,

넷플릭스Netflix, 구글Google, 테슬라Tesla처럼 미국의 많은 대기업들이 창업자가 운영하는 신흥 기업들이지만, 유럽은 오래된 기업들이 대다수이다. 더욱이 유럽기업은 불리한 경영환경과 강성노조로 인한 높은 인건비와 싸워야 하고, 유럽연합 내 국가들의 복잡한 규제들은 거대 단일시장의 장점을 상쇄시키고, 유럽 기업이 규모의 경제를 이루는데 방해요인이 되고 있다(The Economist 2021). 2020년 현재 유럽연합의 1인당 GDP는 미국의 약 절반 수준에 불과하다. 기업의 역량은 혁신을 창출해내고, 혁신은 국가의 경제력으로 이어진다.

[그림 9] 2000년과 2020년 1인당 GDP (단위:달러)

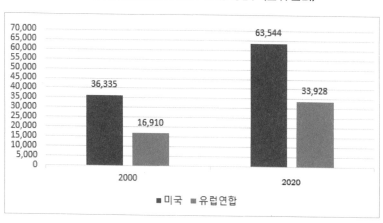

출처: World Bank(https://data.worldbank.org/indicator/NY.GDP.PCAP.
CD?end=2020&locations=EU-US&start=2020&view=bar)

지금은 기업 간 총성 없는 전쟁의 시대이다. 한 국가의 부로 직결되는 혁신은 대기업, 특히 새로운 시장에 뛰어든 혁신신생대기업에 달려있다.

② 일본: 혁신의 실패로 인한 잃어버린 30년

아시아 최초로 근대화에 성공하였고, 제2차 세계대전 패전 후에도 고도성장으로 경제대국으로 부상한 일본은 1980년대에 미국을 능가할 것이라는 전망이 나오기도 하였다. 1979년 출판된 에즈라 보겔의 〈Japan as Number One: Lessons for America〉는 당시 욱일승천의 기세로 미국을 위협하던 일본경제의 위상을 잘 보여준다. 1988년 당시 시가총액 기준으로 50대 기업 안에 일본 기업이 33개, 10위 안에 일본 기업 8개가 포진해 있었다.

[표 2] 세계 50대 기업(시가총액 기준 50대 기업, 1987년 기준)

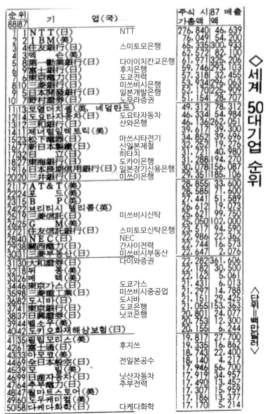

출처: 매일경제, 1988년 9월 24일, 사회 4면 수정

혁신기업이 부자국민을 만든다

[표 3] 세계 50대 기업(매출액 기준 50대 기업, 2020년 기준)

순위	기업명	업종	매출	순이익	자산총액	시가총액
1	ICBC	금융	$ 177.2 B	$ 45.3 B	$ 4,332.5 B	$ 242.3 B
2	중국건설은행	금융	$ 162.1 B	$ 38.9 B	$ 3,882 B	$ 203.8 B
3	JP모건 체이스	금융	$ 142.9 B	$ 30 B	$ 3,139.4 B	$ 291.7 B
4	버크셔 해서웨이	복합기업	$ 254.6 B	$ 81.4 B	$ 817.7 B	$ 455.4 B
5	중국농업은행	금융	$ 148.7 B	$ 30.9 B	$ 3,697.5 B	$ 147.2 B
6	사우디 아람코	에너지	$ 329.8 B	$ 88.2 B	$ 398.3 B	$ 1,684.8 B
7	중국평안보험	금융	$ 155 B	$ 18.8 B	$ 1,218.6 B	$ 187.2 B
8	뱅크오브아메리카	금융	$ 135.4 B	$ 24.1 B	$ 2,620 B	$ 208.6 B
9	애플	IT	$ 267.7 B	$ 57.2 B	$ 320.4 B	$ 1,285.5 B
10	중국은행	금융	$ 135.4 B	$ 27.2 B	$ 3,387 B	$ 112.8 B
11	AT&T	통신	$ 179.2 B	$ 14.4 B	$ 545.4 B	$ 218.6 B
12	**토요타**	**자동차**	**$ 280.5 B**	**$ 22.7 B**	**$ 495.1 B**	**$ 173.3 B**
13	알파벳	IT	$ 166.3 B	$ 34.5 B	$ 273.4 B	$ 919.3 B
14	엑슨모빌	에너지	$ 256 B	$ 14.3 B	$ 363.2 B	$ 196.6 B
15	마이크로소프트	IT	$ 138.6 B	$ 46.3 B	$ 285.4 B	$ 1,359 B
16	삼성전자	IT	$ 197.6 B	$ 18.4 B	$ 304.9 B	$ 278.7 B
17	웰스파고	금융	$ 98.9 B	$ 14.3 B	$ 1,981.3 B	$ 118.8 B
18	씨티그룹	금융	$ 104.4 B	$ 17.1 B	$ 2,219.8 B	$ 101.1 B
19	월마트	유통	$ 524 B	$ 14.9 B	$ 236.5 B	$ 344.4 B
20	버라이즌	통신	$ 131.4 B	$ 18.4 B	$ 294.5 B	$ 237.7 B
21	로열 더치 쉘	에너지	$ 311.6 B	$ 9.9 B	$ 394 B	$ 126.5 B
22	아마존닷컴	유통	$ 296.3 B	$ 10.6 B	$ 221.2 B	$ 1,233.4 B
23	폭스바겐	자동차	$ 275.2 B	$ 12 B	$ 538.9 B	$ 70.4 B
24	유나이티드헬스그룹	의료	$ 246.3 B	$ 13.8 B	$ 189.1 B	$ 277.1 B
25	알리안츠	금융	$ 122.4 B	$ 8.9 B	$ 1,185.3 B	$ 77.1 B
26	중국초상은행	금융	$ 58.4 B	$ 13.7 B	$ 1,094.9 B	$ 120.9 B
27	컴캐스트	미디어	$ 108.7 B	$ 11.7 B	$ 262.4 B	$ 171.7 B
28	차이나 모바일	통신	$ 108.1 B	$ 15.5 B	$ 233.9 B	$ 164.9 B
29	토탈	에너지	$ 176.2 B	$ 11.3 B	$ 273.3 B	$ 93.1 B
30	PSBC	금융	$ 64.4 B	$ 9 B	$ 1,522.4 B	$ 92 B
31	알리바바 그룹	유통	$ 70.6 B	$ 24.7 B	$ 189.4 B	$ 545.4 B
32	가즈프롬	에너지	$ 122.6 B	$ 22.7 B	$ 331.7 B	$ 60.8 B
33	페트로차이나	에너지	$ 364.1 B	$ 6.6 B	$ 392.3 B	$ 65.9 B
34	존슨앤드존슨	제약	$ 82.8 B	$ 17.2 B	$ 155 B	$ 395.3 B
35	RBC	금융	$ 50.9 B	$ 10 B	$ 1,116.3 B	$ 87.3 B
36	월트 디즈니	미디어	$ 74.8 B	$ 10.4 B	$ 200.9 B	$ 195.3 B
37	중국보험그룹	보험	$ 103.7 B	$ 8.5 B	$ 536.2 B	$ 60.3 B
38	인텔	IT	$ 75.7 B	$ 22.7 B	$ 147.7 B	$ 254 B
39	페이스북	IT	$ 73.4 B	$ 21 B	$ 138.4 B	$ 583.7 B
40	CVS 헬스	유통	$ 256.8 B	$ 6.6 B	$ 224.3 B	$ 80.4 B
41	네슬레	식품	$ 93.1 B	$ 12.7 B	$ 132.1 B	$ 304.1 B
42	BNP 파리바	금융	$ 128 B	$ 8.7 B	$ 2,429.9 B	$ 39.2 B
43	**NTT**	**통신**	**$ 109.6 B**	**$ 7.9 B**	**$ 211.1 B**	**$ 83 B**
44	HSBC	금융	$ 67.2 B	$ 3.8 B	$ 2,917.8 B	$ 105.3 B
45	교통은행	금융	$ 66.6 B	$ 11.2 B	$ 1,422.1 B	$ 47.1 B
46	TD뱅크	금융	$ 44.8 B	$ 9.3 B	$ 1,102 B	$ 75.8 B
47	골드만삭스	금융	$ 53.9 B	$ 7.4 B	$ 1,090 B	$ 63.4 B
48	모건스탠리	금융	$ 53 B	$ 8.3 B	$ 896.8 B	$ 62.1 B
49	화이자	제약	$ 50.7 B	$ 15.8 B	$ 167.5 B	$ 212.8 B
50	텐센트	IT	$ 54.6 B	$ 13.5 B	$ 137 B	$ 509.7 B

출처: Fortune, databahn에서 재인용(https://www.databahn.com/products/forbes-global-2000-companies-list-2020

그러나 일본에 대한 찬사는 오히려 일본에 독이 되었다 1980년대 후반 엔화의 평가절상 이후 금융과 부동산 버블로 일본경제는 정점에 올랐지만, 1990년대 버블 붕괴는 잃어버린 30년의 단초가 되었다. 2020년 현재 세계 50대 기업에 일본 기업은 토요타(12위)와 NTT(43위) 2개에 불과하다. 디플레이션이 시작되면서 소비의 위축으로 기업은 수익을 못 낼 수 밖에 없었으며, 고용은 감소하였다. 제조업 강국 일본의 쇠퇴는 반도체 산업을 통해서 알 수 있다. 후발주자 한국이 야심차게 반도체 산업에 뛰어들었을 때 세계 반도체 시장을 지배하고 있던 일본은 과감한 투자를 하지 않았고, 변화하는 기술 트렌드와 글로벌 시장의 변화와 혁신기업들의 추격을 경시하였다. 그 결과 일본은 전반적인 제조업 경쟁력까지 한국에 추월당하기에 이르렀다. 2012년 혁신이 아닌 엔화의 양적 완화를 골자로 하는 아베노믹스도 기업에만 이익을 주었고, 국민을 부유하게 만들지는 못 하였다(KBS 2021).

　　최근 경제지표로 한국과 비교했을 때 일본의 쇠퇴는 더욱 극명하다. 일본은 여전히 소재 부품 산업과 기초과학 분야에서는 우위이다. 그러나 국제경영개발대학원Institute for Management Development, IMD이 발표하는 국가경쟁력 순위에서 한국이 1995년 한국 26위, 일본 4위였지만, 2020년 한국은 23위, 일본은 31위를 차지하였다. 1990년 한국의 신용등급은 무디스 A1, S&P A+, 피치 AA-로 3대 국제신용평가사의 국가신용등급에서 일본보다 신용등급이 낮았지만, 2021년 한국은 무디스 Aaa, S&P AAA, 피치 AAA로 일본보다 모두 2단계 높은 등급을 받아서 5—6단계 역전하였다. 이뿐만 아니라 물가와 환율을 반영한 구매력평가 기준 1인당 GDP에서 2018년 이후 한국은 일본을 능가하고 있다(심재현 2021).

[그림 10] 일본과 한국의 국가경쟁력 순위 변화(1995년과 2020년의 비교)

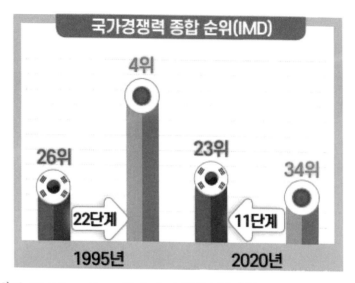

출처: The World Competitiveness Yearbook, 머니투데이에서 재인용(https://news.mt.co.kr/mtview.php?no=2021081207060930067)

[그림 11] 한국과 일본의 국가 신용등급 변화 비교(1990년과 2021년 비교)

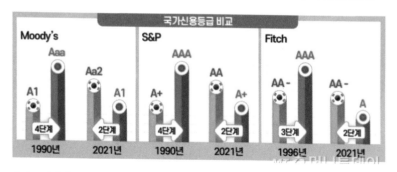

출처: e-나라지표·Trading Economics-Credit Rating, 머니투데이에서 재인용(https://news.mt.co.kr/mtview.php?no=2021081207060930067)

[그림 12] 한국과 일본의 GDP변화 비교(명목GDP와 PPP기준 GDP의 변화)

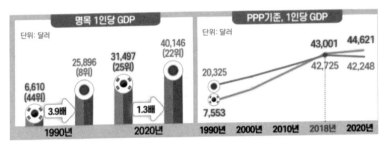

주(註): 괄호 안은 명목 1인당 GDP 세계 순위
출처: IMF·World Economic Outlook, 머니투데이에서 재인용(https://news.mt.co.kr/mtview.php?no=2021081207060930067)

III. 천연자원부국의 현실

① 사우디아라비아: 석유보다도 강력한 혁신

1970년대 두 차례의 석유파동은 천연자원 빈국으로서 수출로 먹고 사는 한국 경제의 취약성을 여실히 드러낸 사건이었다. 당시 오일달러의 위력과 그로 인한 건설붐은 많은 한국의 아버지들이 에너지자원부국 사우디아라비아로 돈을 벌러가도록 만들었다. 산유국은 그야말로 동경의 대상이었다. 그러나 약 40년이 지난 후 세계시장에서 살아남기 위해 부단한 혁신을 했던 한국과 검은 황금이 가져다주는 부에 안주했던 사우디아라비아의 상황은 반대가 되었다.

혁신기업이 부자국민을 만든다

[그림 13] 한국과 사우디아라비아 1인당 GDP 비교 (단위:달러), 1973—2020

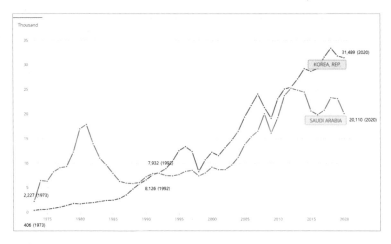

출처: World Bank (https://data.worldbank.org/indicator/NY.GDP.PCAP.
CD?end=2020&locations=KR-SA&start=1973&view=chart)

　　1973년 1차 석유파동 당시 사우디아라비아의 1인당 GDP는 2,227
달러, 한국은 406달러로 한국의 GDP는 사우디아라비아의 18%에 불
과하였다. 그러나 1992년 한국이 사우디아라비아를 처음으로 추월한
이후, 2020년 현재 한국의 1인당 GDP는 31,489달러로 사우디아라비
아의 1인당 GDP 20,110달러를 156% 능가하였다. 이것이 바로 **혁신
의 유무가 양국에 가져온 격차이다.**

　　② 노르웨이: 지속적인 국부창출을 위한 혁신기업의 필요성
　　완벽한 나라처럼 보이는 노르웨이의 미래는 과연 밝을까? 북해 유
전의 발견은 노르웨이에 큰 부를 안겨주었다. 1970년대부터 산유국
대열에 올라섰고, 노르웨이의 1인당 GDP는 계속 상승하였다. 그 결

과 노르웨이는 북유럽 선진복지국가들 중에서도 가장 높은 소득을 향유하는 국가가 되었다. 특히 원유에서 나온 수익으로 1990년 조성된 노르웨이 국부펀드Government Pension Fund Global, GPFG는 그 규모가 2021년 8월 현재 약 1조 3,600억 달러로 전 세계 국부펀드 중에서 최대규모이며, 해외 주식시장에 활발한 투자를 하고 있다.

[그림 14] 세계 주요 국부펀드의 순위와 규모

세계 국부펀드 순위	총자산
1. Norway Government Pension Fund Global	$1,364,130,000,000
2. China Investment Corporation	$1,222,307,000,000
3. Kuwait Investment Authority	$692,900,000,000
4. Abu Dhabi Investment Authority	$649,175,654,400
5. Hong Kong Monetary Authority Investment Portfolio	$580,535,000,000

출처: Sovereign Wealth Fund Institute(https://www.swfinstitute.org/fund-rankings/sovereign-wealth-fund)

노르웨이 경제에서 석유를 비롯한 자원개발이 총 GDP의 15%, 재정수입의 20%, 수출의 40%를 차지하고 이를 국영석유회사인 에퀴노르전 스타토일가 전담하고 있다(오일랜드 2019). 그러나 노르웨이는 북해 유전 고갈 후 미래 세대를 위해 세계 1위의 국부펀드를 운용

혁신기업이 부자국민을 만든다

하고 있지만, 에퀴노르 외에 세계적으로 내세울만한 기업이 없다. 따라서 노르웨이가 국부펀드의 해외 주식 투자 수익만으로 지금과 같은 풍요를 지속할 수 있을지 의문이다. 이를 증명하듯이 노르웨이의 1인당 GDP는 2013년 102,913달러로 최고점을 찍은 뒤 하락추세로 접어들어 2020년에는 67,294달러를 기록하여 7년만에 2013년 기준 65%대로 하락하였다. 같은 기간 우리나라는 2013년 27,182달러에서 2020년 31,489달러로 116% 상승하였다.

[그림 15] 노르웨이 1인당 GDP변화 (단위:달러), 1973—2020

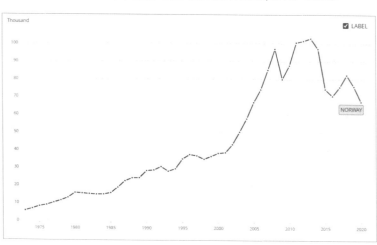

출처: World Bank(https://data.worldbank.org/indicator/NY.GDP.PCAP.CD?end=2020&locations=NO&start=1973)

결국 노르웨이의 미래도 천연자원이 아니라 혁신을 이끄는 기업에 달려있다고 볼 수 있다.

3장: 혁신의 핵심요소

Ⅰ. 시대의 흐름을 활용하는 획기적인 혁신

획기적인 혁신 Innovation Breakthrough**은 새롭게 부각하면서도 지속 가능성을 갖는 시대의 흐름을 활용한다. 그 핵심요소는 메가 트렌드** Mega Trend, **인간의 기본적인 욕구**Basic Human Needs, **단순하고 검증된 비즈니스 모델**Simple & Proven Business Model**로 구성된다. 이러한 이 책 에서의 일응의 분류는 글로벌 기업 컨설턴트들의 노력의 성과물들을 기초로하여 이루어진 것이며, 구체적인 요소들은 기업 수준과의 기 업 컨설팅 역량의 발전을 통해서 발전·보완·추가될 수 있다.**

[그림 16] 혁신의 핵심요소 중 메가 트렌드

Ⅱ. 메가 트렌드

메가 트렌드란 언제 어디서나 Anytime Anywhere **누릴 수 있는 서 비스 모델을 개발하고, 불충분한 서비스 영역**Underserved Segments

혁신기업이 부자국민을 만든다

을 파고 들어 새로운 서비스 모델을 제공하며, 지속가능성 및 친환경(Sustainability and Green)을 충족시키는 것이다. 또한 신뢰성 있는 거래(Trusted Transaction)를 보장하고, 건강관리와 교육(Healthcare and Education)이라는 인간의 기본적인 욕구를 충족시키는 것이다(IXL Center 2018, 9).

[그림 17] 혁신의 핵심요소 중 메가 트렌드의 설명

출처: IXL Center 2018, 10, 수정·가공

① 언제 어디서나 누릴 수 있는 서비스 모델

"언제 어디서나 누릴 수 있는 서비스 모델"에서 소비자는 시간과 장소에 구애받지 않고, 서비스를 이용할 수 있다. 그 예로 야놀자, 배달의 민족, 쿠팡, 카카오 등이 있다. 야놀자의 추정 기업가치는 2016년 4천억원이었지만, 2021년 현재 10조원에 달한다(손원태 2021). 배달의 민족의 운영사 우아한형제는 약 4조 8천억원의 지분을 독일의 DH에 매각하고, 아시아 배달사업을 총괄하는 파트너십을 체결하였다(김재형·주애진 2019). 외국 기업의 예로는 우버(Uber), 아마존(Amazon), 넷플릭스(Netflix) 등이 있다.

[표 4] "언제어디서나 누릴 수 있는 서비스 모델"의 대표적인 회사들과
그 사업 내용 및 영향력

기업	사업 내용과 영향력
야놀자	<ul><li>종합 숙박 애플리케이션: 모텔, 호텔, 펜션, 게스트하우스, 숙소 예약, 보상제도, 상시 할인, 적립 제공하는 사업 모델</li><li>언제어디서나 숙박관련 정보를 제공해주고 바로 실시간 예약 등이 가능하게 해주는 사업 모델</li><li>약 3천억에 이커머스 1세대인 인터파크의 유사비즈니스 부문을 인수(70%)</li><li>21년 7월 손정의 2조원 투자로 나스닥 상장을 기대함</li><li>기업가치: 약 10조원 추정</li></ul>
배달의 민족 우아한 형제	<ul><li>음식 배달 중개 플랫폼</li><li>배달의 민족은 우아한형제들에서 운영하는 대한민국 배달 주문 서비스 브랜드명</li><li>음식관련 배달 서비스를 통합하여 언제 어디서든 배달이 가능하도록 해주는 사업모델</li><li>우리나라 배달 서비스 시스템을 한 단계 업그레이드 해준 기업</li><li>기업가치: 7조 6,800억원 추정</li></ul>
쿠팡	<ul><li>쿠팡(Coupang)은 전자 상거래(E-Commerce) 웹사이트</li><li>언제 어디서나 전자상거래를 온라인, 모바일에서 할 수 있도록 해주고, 온라인과 모바일 상에서 상점도 오픈하고, 고객으로도 참여할 수 있는 다양한 플랫폼을 제공하는 비즈니스 모델</li><li>어떤 물건이든지 다 있고, 신속한 배송을 서비스 모토로 함</li><li>시가총액: 약 37조원(2021.12.31.기준)</li></ul>
카카오	<ul><li>대한민국의 모바일 라이프 플랫폼 기업</li><li>1995년 2월 설립된 (주)다음커뮤니케이션을 전신으로, 2014년 10월 (주)카카오와 합병하면서 상호를 (주)다음카카오로 변경</li><li>이후 2014년 지금의 사명인 (주)카카오로 상호를 또 한번 변경. 국내 1위 모바일 메신저인 카카오톡을 비롯하여 카카오스토리, 카카오택시 등 다양한 모바일 서비스를 제공</li><li>언제어디서나 모바일 라이프가 가능하도록 해주는 다양한 정보와 서비스 제공하는 사업 모델</li><li>시가총액: 약 43조(2021.12.31.기준), 매출액 1조75백억원, 순이익 2천억원</li></ul>

혁신기업이 부자국민을 만든다

우버 우버테크놀로지스 (UBER, 나스닥)	▪ 스마트폰 앱으로 택시가 아닌 일반 차량을 배정받을 수 있는 교통중개 서비스 ▪ 초기 이름은 우버캡(ubercab)이었다. 하지만 샌프란시스코 시 당국이 택시 사업과 유사하다는 이유로 '정지 명령' ▪ 스마트폰을 기반으로 한 미국의 승차 공유 서비스 ▪ 스마트폰 애플리케이션(앱)으로 승객과 차량을 이어주는 서비스를 하는 자동차 운송 관련 미국 기술 회사 ▪ 언제어디서든 승용차로 차량서비스를 제공하고, 제공받을 수 있는 서비스를 제공할 수 있게 해주는 시스템 구축한 사업 모델 ▪ 많은 미국의 학생, 직장인, 가정주부, 무직자들이 편한 시간에 자기 차를 이용하여 돈을 벌수있게 해주고, 근거리 이동이 필요한 시민들은 빠르고 저렴하고 편안하게 서비스를 받을 수 있도록 해준 획기적인 서비스 ▪ 시가총액: 약 96조원 (2021.12.31.기준)
아마존 아마존닷컴 (AMZN, 나스닥)	▪ 미국 인터넷 쇼핑몰: 책, CD, DVD, 전자제품, 킨들 파이어, 실크브라우저 판매 ▪ 현재 세계에서 가장 큰 온라인 모바일 쇼핑몰 ▪ 언제어디서든 어떤 물건이든 단기간에 구매 및 배달이 가능한 서비스 제공 ▪ 시가총액: 약 2,000조원(2021.12.31.기준)
넷플릭스 (NFLX, 나스닥)	▪ 온라인 비디오 스트리밍 서비스업체 ▪ 언제어디서든 영화, 드라마, 뉴스, 다큐멘터리 등 다양한 모든 비디오 영상물이든지 받아볼 수 있는 서비스 제공 ▪ 시가총액: 약 300조원(2021.12.31.기준)

② 불충분한 서비스 영역

"불충분한 서비스 영역"에서는 기존에 무시되었던 부분에 기업들이 새로운 서비스를 제공한다. 그 예로 맘스터치, 이디야, 신풍제약 등을 들 수 있다. 시내에 있는 기존 브랜드 햄버거가 비싸고 맛까지 별로라는 인식 속에서 맘스터치는 군부대 주변을 중심으로 값싼 양질의 햄버거를 제공하여 큰 성공을 거두었다. 비싼 커피 브랜드들과 달리 이디야는 대로변보다는 이면도로에 가게를 내어 절약된 비용으로 저렴한 커피를 만들어 판매하였다. 신풍제약의 〈피라맥스〉는 원래 말리리아 약이었으나, 현재 경구용 코로나19 치료제로 임상 3

상 중에 있다. 외국 기업의 예로는 현지특화된 소용량의 값싼 샴푸와 비누를 출시해서 히트를 친 다국적 기업 힌두스탄유니레버Hindustan Unilever Ltd.가 있다.

[표 5] "불충분한 서비스 영역"을 채워주는 대표적인 회사들과
그 사업 내용 및 영향력

기업	사업 내용과 영향력
맘스터치	▪ 2021년 말 기준 전국 1,333개 매장이 운영되고 있으며 물류 시스템을 바탕으로 가맹점에 상품 및 제품을 납품 중 ▪ 경쟁자들과 다르게 골목상권 위주로 값싸고 맛있는 가성비 버거 제공 ▪ 시가총액 약 5,400억원(2021.12.31.기준), 2020년 매출 2,860억원, 영업이익 9% 수준
이디야	▪ 국내 최다 매장을 보유한 프랜차이즈 커피 브랜드 2001년 3월 중앙대점 오픈을 시작으로 18년 만인 2019년 3000호점을 돌파. 당시 경쟁자들은 고급스러움과 대형 매장, 토종 이미지, 공격적인 프로모션 등으로 소비자 공략에 나선 반면 이디야는 좋은 원두를 값싼 가격에 제공하여 현재까지 성장 ▪ 2021년 7월 기준 매장 수 약 3,500개, 2020년 매출 2,239억원
신풍제약	▪ 1962년에 설립하여 기생충약물 개발에 주력 ▪ 2011년 유럽 의약품제조 EU-GMP 인증, 항 말라리아제 "피라맥스 정" 국산신약 16호 승인 ▪ COVID-19 판데믹이 발생하면서 기존 말라리아제로 쓰이던 피라맥스정이 코로나 치료제로서 개발될 수 있다는 기대감으로 큰 폭 성장
힌두스탄유니레버 (HINDUNILVR, NSE) (인도국립증권거래소)	▪ 1888년 선라이트 비누를 수출하면서 일용소비재 분야에서 인도 최대 기업으로 성장 ▪ 당시 다른 선진국 기업들이 본국 시장에서 판매하던 기존의 제품을 그대로 현지에 도입한 것과 달리, 인도의 소득수준과 취약한 유통시스템을 고려하여 현지인들에게 적합한 제품을 개발하고 현지에 맞는 판매방식을 도입 ▪ 시가총액: 약 91조원(2021.12.31.기준)

혁신기업이 부자국민을 만든다

③ 지속가능성 및 친환경

"**지속가능성 및 친환경**"을 충족시키는 기업에는 한화큐셀(태양광), 두산중공업(원자력, 풍력), 두산퓨얼셀, 리튬 배터리 업체로 LG에너지솔루션, SK이노베이션, 삼성SDI 등을 들 수 있다. 상장된 이들 기업의 협력업체로서 리튬배터리 양극재 분야의 LG에너지솔루션, 포스코케미칼, 엘앤에프, 에코프로비엠 등이 있다. 외국에는 유기농 식품을 판매하는 아마존의 자회사 홀푸드마켓Whole Foods Market이 있다.

[표 6] "지속가능성 및 친환경"을 충족시키는 대표적인 회사들과 그 사업 내용 및 영향력

기업	사업 내용과 영향력
한화큐셀	▪ 2012년 독일 태양광 업체였던 큐셀의 독일 본사 및 생산 공장, 말레이시아 생산 공장 등을 인수하며 설립 ▪ 셀과 모듈 생산 업체를 인수하면서 태양광 사업 완제품 분야 진출 ▪ 2020년 말 기준 전 세계 생산용량 Top 7 기업
두산중공업	▪ 2001년 발전, 담수, 주단조 및 건설 분야의 세계적 기업인 한국중공업을 인수하며 두산중공업으로 사명 변경. 국내 원전 분야 1위 기업으로 꾸준히 성장하다 2017년 발표된 정부의 '에너지 전환 로드맵'에 따라 원전 건설 계획이 축소되어 어려움을 겪었음 ▪ 하지만 2020년 6월 친환경 에너지 기업으로의 전환 계획 발표 이후 에너지 부문에서 이전 연간 실적을 넘는 수주들을 받고 있으며 원전 사업 또한 정상화되어 가고 있음 ▪ 시가총액: 약 10.7조원(2021.12.31.기준)
두산퓨얼셀	▪ 2019년 1월 두산그룹의 최상위 지배회사인 ㈜두산의 연료전지 사업 부문을 인적 분할해 설립 ▪ 주요 사업은 발전용 연료전지 기자재 공급, 연료전지 발전소에 대한 장기 유지보수 서비스이며 발전용 수소연료전지 시장 1위 기업 ▪ 18년~20년 3년 연속 수소연료전지 수주액 1조원 달성 ▪ 시가총액: 약 2.7조원 (2021.12.31.기준)

LG에너지솔루션	• 2020년 12월 LG화학에서 배터리 사업부문을 분할해서 설립한 기업 • 국내 전기차 배터리 셀 업체 1위이자 글로벌 시장에서 1, 2위를 다투고 있음 • 2021년 기준 매출액은 17.8조원, 영업이익 1조원 예상 • 2022년 1월 27일 KOSPI에 신규 상장하여, 시초가 59만7천원, 시종가 50만5천원을 기록 • 시가총액: 약 118조원(2022.1.27.기준)
SK이노베이션	• 2011년 1월, SK에너지가 SK이노베이션으로 사명을 변경함과 동시에 지주화하고 각 에너지 분야 독자경영체제 구축하면서 배터리 사업 집중 • 2021년 6월 기준 SK 배터리 사업의 수주 잔고(누적)는 1TWh(테라와트시), 금액으로는 130조원 수준 • SK배터리, SK E&P 분할 예정 • 시가총액: 약 22.3조원(2021.12.31.기준)
삼성SDI	• 1970년에 전자·전기·기계제품 제조업체 삼성-NEC주식회사로 설립 • 1999년 11월 삼성SDI㈜로 변경 • 2000년 6월 차세대전지 공장을 준공하여 2차전지 사업에 진출 • 2014년 7월 1일 삼성SDI가 제일모직과의 합병을 통해 케미칼사업과 전자재료사업에 진출 • 친환경전기자동차에 쓰일 차세대 2차전지 개발에 집중 • 2021년 영업이익 1.2조원 예상 • 시가총액: 약 43.1조원(2021.12.31.기준)
LG화학	• 2000년대 들어 LG대산유화(2006년), LG석유화학(2007년)과의 연이은 합병을 통해 석유화학분야의 수직계열화 체계를 완성하고 사업영역을 확장 • 2009년 GM 볼트에 배터리를 단독 공급하는 등 글로벌 전기자동차 배터리 분야에서 기술력을 인정받음 • 2020년 기준 매출 30조원을 넘어서며 역대 최대 매출 기록 (영업이익 약 2.4조원) • 시가총액: 약 51.4조원(2021.12.31.기준)
포스코케미칼	• 1999년 포항산업과학연구원의 벤처 회사로 설립한 음극재 개발 회사인카보닉스가 2010년 포스코켐텍에 인수되었음. 매각가는 65억원 • 2019년 포스코켐텍과 포스코ESM이 합병하면서 포스코케미칼로 사명 변경 • 전기차 시장이 커지면서 음극재의 수요가 늘어 매년 최고 실적을 갱신하고 있으며 2020년 기준 매출 약 1.6조원 영업이익 약 1,400억원 • 시가총액: 약 10조원(2021.12.31.기준)

혁신기업이 부자국민을 만든다

엘엔에프	• 2000년 7월 LCD용 BLU를 제조, 판매하는 목적으로 창업하였으며, 2005년 8월 자회사인 엘앤에프신소재를 설립하여 리튬이온 이차전지용 양극활물질 사업을 개시한 후, 2010년 이후로는 글로벌 양극재 기업으로 자리 매김 • 2021년 매출 1조원대 예상 • 시가총액: 약 7.7조원(2021.12.31.기준)
에코프로비엠	• 2016년 5월, 양극소재 사업 전문화를 위해 모기업 에코프로에서 물적분할하여 설립 • 하이니켈계 양극소재 제품을 가장 먼저 개발하고 양산화에 성공 • 2021년 매출 1.4조원 예상 • 시가총액: 약 11.4조원(2021.12.31.기준)
홀푸드마켓 (WFM, 나스닥)	• 1980년 조그만 식료품 가게에서 시작하여 현재는 미국전역에 450여개 매장을 가진 유기농 식료품 체인 • 아마존의 자회사로 중산층을 타겟으로 유기농, 자연산, 고급음식, 환경보호 정책을 고수하여 차별화 • 시가총액: 약 16조원(2021.12.31.기준)

④ 신뢰성 있는 거래

"신뢰성 있는 거래"는 전자상거래가 일반화된 시대상을 반영한다. 국내에서는 11번가, G마켓, 옥션, 네이버 등 안전하고 믿을 수 있는 거래를 보장하는 기업들이 성공을 거두고 있다. 외국 기업의 예로는 페이팔PayPal, 메타플랫폼스가 있다.

[표 7] "신뢰성 있는 거래"를 할 수 있도록 해주는 대표적인 회사들과 그 사업 내용 및 영향력

기업	사업 내용과 영향력
11번가	• SK텔레콤에서 2008년 론칭하여 2018년 독립법인으로 분할 • 제품 검색, 결제, 배송, 반품/환불에 이르기까지 쇼핑의 전 단계에서 국내 최고 역량의 빅데이터와 AI기술을 적용하여 신뢰 바탕의 커머스 플랫폼 제공 • 커머스 경쟁이 심해지고 트렌드가 배송에 맞춰지면서 큰 규모의 적자를 기록하다 신뢰 바탕의 성장을 통해 매출 성장과 함께 2019년 흑자 전환 성공 • 2020년 기준 매출 5,456억원

G마켓	• 1999년 인터파크의 자회사로 설립하여 2009년 미국 이베이에 인수되었고 2011년 옥션과 합병 • 온라인 오픈 마켓 플랫폼 제공 • 공격적인 마케팅과 판매자, 소비자 모두 상생할 수 있는 시스템 구축하여 성장
옥션	• 1998년 설립되어 국내 최초로 경매 서비스를 제공하여 차별화 • 2001년 이베이에 인수된 후 2011년 지마켓과 합병 • 중고거래 시장에도 진출하여 보유한 경매 시스템을 접목해 신뢰 바탕의 거래 플랫폼으로 자리 매김
네이버	• 현재 국내 온라인 커머스 시장 점유율 1위로 가성비와 신뢰로 차별화 • 네이버쇼핑 검색으로 팔리는 상품의 거래 수수료를 낮춰 소비자를 끌어모았고 판매자에게는 스마트스토어를 제공하여 손쉽게 등록할 수 있게 함. 또한 네이버페이를 통해 거래 신뢰도 확보 • 네이버의 이커머스 사업 매출액은 2020년 기준 1.1조원으로 회사 매출액의 20% 수준이지만 연간 온라인 거래액은 27조원으로 국내 최대 • 시가총액: 약 62조원(2021.12.31.기준)
페이팔 (PYPL, 나스닥)	• 1998년 Confinity라는 이름으로 설립되어 페이팔 서비스를 시작. 2001년 일머스크의 엑스닷컴과 합병한 후 2002년에 IPO. IPO 직후 이베이에 인수 • 보안과 편리함을 바탕으로 전 세계 대표 결제수단으로 자리매김 • 시가총액: 약 250조원(2021.12.31.기준)
메타플랫폼스 (FB, 나스닥)	• 페이스북으로 설립하여 전 세계 30억명 회원을 가진 세계에서 가장 큰 소셜미디어 기업 • 페이스북과 인스타그램을 운영하여 자신의 생각과 의견, 경험을 서로 공유할 수 있는 플랫폼 제공 • 시가총액: 약 1,080조원(2021.12.31.기준)

⑤ 건강관리와 교육

"건강관리와 교육"의 대표적인 예로 전자에 씨젠(검사키트), 에스디바이오센서, 셀트리온, 삼성바이오로직스, SK바이오사이언스, 에스티팜, 후자에 메가스터디 등을 들 수 있다. 외국 기업의 예로는 건강관리에 화이자Pfizer, 교육에 듀오링고Duolingo 등이 있다.

[표 8] "건강관리와 교육"을 해결해주는 대표적인 회사들과
[표 8] "건강관리와 교육"을 해결해주는 대표적인 회사들과
그 사업 내용 및 영향력

기업	사업 내용과 영향력
씨젠	▪ 2000년 9월에 설립되어 뛰어난 유전자 분석 원천기술을 바탕으로 미국, 유럽, 일본, 중동 등 세계 네트워크와 유통망을 구축 ▪ 2011년 최초 A,B,C형 간염 바이러스를 동시 진단 가능한 제품을 출시하면서 글로벌 시장에서 인정을 받음. COVID-19 판데믹이 일어나면서 가장 먼저 진단키트를 상용화해 코로나 진단 키트에서는 전 세계 탑티어 기업으로 성장 ▪ 시가총액: 약 3조원(2021.12.31.기준)
에스디바이오센서	▪ 2010년 설립한 진단 기업으로 현재까지 약 150여종이 넘는 체외진단 제품을 출시. 씨젠과 마찬가지로 COVID-19 판데믹이 일어나면서 빠르게 코로나 진단키트를 상용화하여 글로벌 진단 기업으로 성장 ▪ 시가총액: 약 5.8조원(2021.12.31.기준)
셀트리온	▪ 2002년 대우자동차 최연소 임원이었던 서정진 회장이, 당시 높은 시장점유율 및 영업이익을 독점하던 바이오 의약품의 Off-Patent 이후 시장을 예측하며 창업 단행 ▪ 2번의 부도 위험을 겪었지만 대규모 해외 투자유치를 통해 램시마 허가 (2012년 한국 / 2013년 유럽 / 2014년 일본, 캐나다 / 2015년 호주, 러시아, 브라질 / 2016년 미국)를 받으며 글로벌 탑티어 바이오 시밀러 기업으로 성장 ▪ 시가총액: 약 27조원(2021.12.31.기준)
삼성바이오로직스	▪ 2011년 삼성에버랜드 (현 제일모직) 40%, 삼성전자, 40%, 삼성물산 10%, 다국적기업 퀸타일즈 10% 구조로 자본금 3000억원 투자 및 법인설립 ▪ 이후 단계적으로 공장 3곳을 공격적으로 증설, 단기간내 업계 1위인 세계 최대 CMO기업인 Lonza의 생산 Capa를 따라잡음 ▪ 세계 1위 CMO 역량을 기반으로 CDMO까지 사업 확장 중 ▪ 시가총액: 약 55조원(2021.12.31.기준)
SK바이오사이언스	▪ 2018년 7월 SK케미칼로부터 분사해 설립된 백신 전문 독립법인. SK케미칼이 개발한 백신의 판매, 외부 백신의 CMO 계약, 자체 신약개발 등 사업 포트폴리오 확장 중 ▪ COVID-19 판데믹이 일어나면서 아스트라제네카와 노바백스의 백신 위탁생산(CMO) 계약을 맺어 폭발적으로 성장 ▪ 시가총액: 약 16.6조원(2021.12.31.기준)

에스티팜	▪ 1983년 설립되어 항바이러스제의 원료 및 중간체 개발에 집중하였음. 2010년 6월 동아쏘시오 그룹이 인수하여 에스티팜으로 사명 변경 ▪ 원료의약품(API, Active Pharmaceutical Ingredient) 개발 경험을 통해 자체 코로나 백신 개발 중 ▪ 시가총액: 약 2.3조원(2021.12.31.기준)
메가스터디, 메가스터디교육	▪ 2000년 7월에 설립되어 오프라인 위주였던 입시강의, 교육 서비스를 온라인으로 제공하며 온라인 교육 시장을 개척 및 주도 ▪ 서울 지역에 종로, 대성, 정일 학원 등이 대세였던 시대에 지방학생들과 학부모들에게 양질의 교육을 온라인으로 제공하여 교사와 학생들 모두에게 환영받은 사업 모델로 자리 잡음. 이 회사 이후에 대부분 대형 학원들이 온라인, 모바일 교육 시스템, 강의시스템에 뛰어들었음 ▪ 2015년 4월, 모태기업 메가스터디가 주력 사업이던 초,중,고등 교육부문을 분사하여 메가스터디 교육을 설립 ▪ 시가총액: 메가스터디 약 1,500억원, 메가스터디교육 약 9,100억원(2021.12.31.기준)
화이자 (PFE, NYSE)	▪ 1849년 설립하여 170여년의 역사를 자랑하는 세계 최대 제약사 ▪ 1860년대 미국 남부전쟁에서 진통제와 방부제, 1940년 2차 세계대전 때 페니실린을 대량생산하며 급성장하였음. 이후 축척한 부를 활용하여 R&D를 통해 여러 블록버스터 의약품(1조원 이상 판매되는 의약품)을 출시하고, 공격적인 M&A를 통해 동물약품, 영양사업, 생활용품까지 사업 포트폴리오를 확장 ▪ 시가총액: 약 370조원(2021.12.31.기준)
듀오링고 (DUOL, 나스닥)	▪ 2011년 무료 외국어 교육을 내세워 설립된 기업 ▪ 전 세계 누적 다운로드 수 5억원 이상. 영어, 독일어 등 서방언어 이 외에 아시아권 언어, 소수 언어 등 40개 언어, 106개 학습 코스를 제공 ▪ COVID-19 팬데믹으로 성장에 탄력을 받아 급성장 ▪ 시가총액: 약 4.5조원(2021.12.31.기준)

혁신기업이 부자국민을 만든다

[그림 18] 혁신의 핵심요소 중 인간의 기본적인 욕구

III. 인간의 기본적인 욕구

인간의 기본적인 욕구에는 협의의 인간의 기본적 욕구Basic Human Needs, 안전 및 보안Safety and Security, 합리성과 단순함Sensible and Simple, 나를 위한 맞춤 서비스 제공Customize for Me, 휴식 및 위로Rest and Recreation, R&R 등이 있다.

[그림 19] 혁신의 핵심요소 중 인간의 기본적인 욕구의 설명

출처: IXL Center 2018, 10, 수정·가공

① 협의의 인간의 기본적 욕구

"협의의 인간의 기본적 욕구"는 물, 공기, 행복과 즐거움을 위한 소

비행위Indulgence로 구성된다. 물과 공기에 관련된 기업으로는 공기청
정기와 정수기를 제작, 렌탈하는 코웨이, SK매직 등이 있다.

[표 9] "협의의 인간의 기본적 욕구"를 해결해주는 대표적인 회사들과
그 사업 내용 및 영향력

기업	사업 내용과 영향력
코웨이	• 1989년 설립되어 1996년 코스닥 상장 • 코웨이 정수기를 개발하면서 국내 정수기 시장의 절반 이상을 장악. 이를 바탕으로 여러 가전용품을 판매, 렌탈 • 인간의 기본적인 욕구인 깨끗한 물을 마시고 싶다는 욕구를 충족시켜줌 • 당시 대부분 정수기는 은행, 대형 오피스 등에만 설치되어 있었고 가정에서 설치하기에는 수백만원대의 비용이 부담이었음. 이것을 24개월, 36개월, 48개월 등 할부를 넘어서, 렌탈시스템으로 풀었음. 이 제품 이후에 다양한 고가의 가전용품들이 렌탈시스템으로 판매되기 시작함 • 국내 렌탈 시장 부동의 1위 • 시가총액: 약 5.4조원(2021.12.31.기준)
SK매직	• 2013년 5월 동양이 가전사업부문을 분사하여 동양 매직 설립 이후 2016년 4월 SK네트웍스가 인수하여 사명 SK매직으로 변경 • 식기세척기, 가스레인지 등 가전용품을 개발, 판매 및 랜탈 • 국내 렌탈 시장 2위 • 2020년 기준 매출 1조원 돌파

행복과 즐거움을 위한 소비행위의 대표적인 예로는 게임을 들 수
있다. 특히 행복과 즐거움을 위한 소비행위는 인간의 욕구단계에서
높은 단계에 해당되는데 이 부분을 정확히 공략하는 기업들이 많은
성장을 기대할 수 있다. 대표적으로 NC소프트, 스마일게이트, 크래프
톤, 펄어비스 등이 있다.

혁신기업이 부자국민을 만든다

[표 10] "행복과 즐거움을 위한 소비행위"를 해결해주는 대표적인 회사들과
그 사업 내용 및 영향력

기업	사업 내용과 영향력
NC소프트	• 1997년 설립하여 1998년 리니지를 발표하여 급성장. 리니지의 성공으로 중국, 일본, 미국으로 진출 • 2000년 7월 코스닥 상장, 2003년 5월 코스피로 이전 상장 • 20여년간 게임 개발, 게임 운영 노하우 축적하여 현재 국내 게임업계 1위 유지 중 • 시가총액: 약 13.3조원(2021.12.31.기준)
스마일게이트	• 2002년 6월에 설립되어 2007년에 크로스파이어를 선보였지만 국내에서는 성공하지 못하였고 중국의 텐센트를 통해 중국에서 서비스하여 국민게임으로 자리매김하면서 대성공 • 이후 국내에서 로스트아크를 출시하여 국내에서도 성장 중 • 매년 매출이 급성장하여 2008년 49억원, 2012년 2,000억원, 2015년 6,000억원, 2020년 1조원 이상을 기록
크래프톤	• 2007년 설립, 2011년 테라를 출시하여 국내에서 성공, 이를 바탕으로 2017년 3년 배틀그라운드를 출시하며 전 세계를 대상으로 대성공 • 2018년 개발사간 통합을 위해 크래프톤으로 사명 변경 • 2017년을 기점으로 매출이 급성장하여 2018년 이후로 매년 매출 1조원이상 발생(2016년 매출 372억/영업이익 -73억, 2017년 매출 3,104억원/영업이익 266억원. 2018년 매출: 1조 1,200억원/영업이익: 3,003억원, 2020년 매출: 1조 6,704억원/영업이익: 7,739억원) • 2021년 8월 코스피 상장. 시가총액: 약 17.9조원(2021.12.31.기준)
펄어비스	• 2010년 설립. 2014년 12월 검은사막을 선보인 이후 IP를 PC, 모바일, 콘솔 플랫폼으로 확장하여 성장 • 검은사막 출시 5년 누적 매출 2조원 • 2017년 9월 코스닥 상장 • 다른 국내 게임사와 달리 자체 게임엔진을 개발하였으며 이를 바탕으로 국내에는 개발된 적이 없는 AAA급 게임을 노리는 전략 유지 • 최근 대작 출시가 메말랐던 국내 게임업계에서 후속작들을 발표하며 전 세계의 관심을 받아 급성장 중 • 시가총액: 약 7.7조원(2021.12.31.기준)

② 안전 및 보안

광의의 인간의 기본적 욕구 중 "안전 및 보안"에 해당하는 기업은

에스원, 현대차가 있다.

[표 11] "안전 및 보안"을 지켜줄 수 있는 대표적인 회사들과
그 사업 내용 및 영향력

기업	사업 내용과 영향력
에스원	▪ 1977년 국내 최초의 보안회사 한국경비실업으로 설립 이후 삼성과 일본 세콤이 인수. 1996년 상장 ▪ 단순히 물리적인 보안 업체에서 정보보안/인공지능/생체인증/건물관리 등 건물 전체를 관리하는 통합 플랫폼 기업으로 경쟁사들과 차별화하여 현재 국내 보안업체 1위 유지 ▪ 2020년 기준 매출 약 2.3조원, 영업이익 약 2,000억원
현대차	▪ 1967년에 설립되어 불과 40년만에 세계 10대 자동차 브랜드로 성장 ▪ 프리미엄 브랜드들도 어려워하는 안전 시험인 스몰오버랩 평가에서 매년 좋은 평가를 받을 정도로 안전 시스템 R&D에 집중하고 있으며, 최근 글로벌 시장에 맞춰 디자인, 컨셉 변화. 전기차 플랫폼 개발 중 ▪ 2020년 기준 매출 약 104조원, 영업이익 약 2.4조원 ▪ 시가총액: 약 45조원(2021.12.31.기준)

③ 합리성과 단순함

"합리성과 단순함"에는 제주항공, 사우스웨스트항공 등이 있다.

[표 12] "합리성과 단순함"을 충족시키는 대표적인 회사들과
그 사업 내용 및 영향력

기업	사업 내용과 영향력
제주항공	▪ 2005년 1월 설립하여 '저원가'와 '고수익'에 집중하여 국내 3대 항공사로 자리 매김 ▪ 단일 기종 도입으로 원가를 절감 및 LCC의 한계를 뛰어넘기 위해 매출 구조를 다변화 ▪ 지연과 결항 등을 낮춰 정시성을 높이고 전략 상품과 서비스 품질을 개선하는 전략으로 LCC 업체 경쟁에서 승리 ▪ 합리적으로 서비스를 재조정하고 가격을 낮추어 고객에게 혜택을 돌려주어 성공함 ▪ 시가총액: 약 8,560억원(2021.12.31.기준)

사우스웨스트항공 (LUV, NYSE)	▪ 1971년 4대의 비행기로 운행을 시작하여 30년도 채 되지 않은 기간에 미국에서 5위 안에 드는 대형 항공사로 성장 ▪ 고객을 세분화하여 저가항공과 근거리 운항이라는 새로운 시장을 개척 ▪ 미국내와 근거리에서의 비행여행수요가 폭증할 것을 예상하고 합리적인 서비스 제공과 적절한 가격 정책으로 성공적인 서비스 제공으로 성공 ▪ 시가총액: 약 32조원(2021.12.31.기준)

④ 나를 위한 맞춤 서비스의 제공

"나를 위한 맞춤 서비스의 제공"에는 스타벅스, 더페이스샵, 유튜브, 티맵 등의 기업이 있으며, 추가적으로 GS25, CU, 크린토피아 등 혁신적 기업들도 포함된다.

[표 13] "나를 위한 맞춤 서비스의 제공"의 대표적인 회사들과
그 사업 내용 및 영향력

기업	사업 내용과 영향력
스타벅스 (SBUX, 나스닥)	▪ 1971년 3월 커피 원두를 판매하는 소매점에서 시작하여 전 세계에서 가장 큰 카페 프랜차이즈로 성장 ▪ 마니아 소비자의 요구를 충족하기 위해 개인의 최근 구매 이력, 매장 정보, 주문 시간대와 날씨 등 빅데이터를 활용하여 개인 맞춤형 추천 서비스 제공. 또한, 소비자들이 바라는 제품이나 서비스의 개발에 빠르게 움직여 꾸준히 성장 ▪ 시가총액: 약 150조원(2021.12.31.기준)
더페이스샵	▪ 1962년 미주산업으로 설립하여 2009년 3월 LG생활건강에 인수되었음 ▪ 당시 기존 주고객층이던 10~20대뿐만 아니라 30~50대까지 새로운 고객층을 확대하고 백화점, 대형마트 등으로 유통망을 넓혔으며 고객에 맞춘 마케팅 전략을 구사하여 급성장 ▪ 현재 국내 로드샵 부문 1위 기업 ▪ COVID-19 판데믹으로 온라인 플랫폼으로 변화 중 ▪ 2019년 기준 매출 3,150억원

티맵	• 2020년 12월 SK텔레콤이 모빌리티 사업부를 분사하며 설립된 기업으로 이전부터 SK텔레콤이 운영해온 내비게이션 서비스 'T맵'과 '우버 테크놀로지(우버, Uber)'와 조인트벤처(합작회사)를 만들고, 미래 모빌리티를 연구개발하는 기업 • 모바일 내비게이션 1등 티맵(TMAP)의 앱 구조를 확 바꿔 종합모빌리티 플랫폼으로 변화. 고객 니즈에 맞춰 길 안내는 물론 대리운전, 킥보드 등 다양한 이동 수단을 선택해 들어갈 수 있음 • 2025년 연 매출 6,000억원, 기업가치 4.5조원 목표
GS25	• 1990년 12월 럭키금성그룹(호남정유) 계열사 희성산업이 1호점을 열면서 설립된 GS리테일이 운영하는 소매업 편의점 사업 체인점으로 2019년 기준 매출액, 점포 수 등 업계 1위의 자리 유지 • 2005년 금성그룹이 LG그룹에서 분리되면서 쇼핑 부문을 GS리테일로 받아오면서 현재의 이름이 되었음 • 단순 물건 판매처가 아닌 '생활 플랫폼'으로 전환과 동시에 특화 매장을 늘려 고객의 니즈 공략
CU	• 1990년 보광그룹이 일본 훼미리마트와 라이선스 계약을 맺고 보광CVS로 시작하여 2012년 라이선스 계약 이후 CU라는 이름으로 운영. 현재 BGF리테일이 운영하고 있으며 가맹점주들과의 상생 전략을 꾸준히 유지하며 성장하여 GS25와 국내 편의점 체인업계 1,2위를 다투고 있음
크린토피아	• 1986년 보고실업 주식회사로 설립되어 1992년 서비스 출시, 1997년 세탁업 법인 설립 • 동네 세탁소가 대부분이던 1992년 제품에 해당하는 서비스의 자동화·규격화, 배달 지양 등 새로운 시도를 하며 급성장 • 현재 세탁 편의점 '크린토피아', 무인 코인빨래방 '코인워시 365', 복합 브랜드 '크린토피아+코인워시' 등 2900여 개 가맹점을 운영 • 2020년 기준 매출: 847억원, 영업이익 91.5억원

⑤ 휴식 및 위로

"휴식 및 위로"의 대표적인 기업으로는 2020년 10월 상장 후 2021년 9월 28일 현재 시가총액 11조 709억원을 달성한 방탄소년단BTS 소속사 하이브전 빅히트 엔터테인먼트를 들 수 있다.

⑥ K-게임 Case

이 책에서는 협의의 인간의 기본적 욕구 중 하나인 행복과 즐거움을 위한 소비행위로서 K-게임과, 광의의 인간의 기본적 욕구 중 휴식과 위로의 사례로서 K-팝과 K-드라마, 한류, 관광 여행업 등을 다루고자 한다.

[그림 20] 크래프톤 사의 배틀그라운드 인트로 페이지

출처: 크래프톤(https://www.krafton.com/en/games/)

게임 분야에서도 K-게임의 수출이 돋보인다. 2020년 한국 문화콘텐츠 수출은 2019년 대비 11.9% 증가했는데 이는 전체 문화콘텐츠 수출액의 80%를 차지하는 게임이 18.9% 성장했기 때문이다(한국국제문화교류진흥원 2021, 27). 그 결과 2020년 한국 게임의 수출액은 50억 달러에 달할 것으로 추정된다. 기업별로 봤을 때 국내 게임업체 크래프톤의 성과가 두드러진다. 크래프톤은 기획단계에서부터 해외시장을 타깃으로 2017년 〈배틀 그라운드〉를 출시했다. 〈배틀 그라운드〉는 외국인들이 가장 좋아하는 한국 게임이다. 전 세계에서 7,500

만장 이상 판매되었으며, 모바일 버전도 중국 제외 세계시장에서 10억회 이상 다운로드 되었다. 크래프톤은 2021년 1분기 해외에서만 4,400억원을 벌어들였고, 인도에 이어 중동·아프리카로 진출할 계획을 밝혔다(윤지혜 2021). 2021년 상장된 크래프톤의 시가총액은 2021년 9월 28일 현재 24조 4,512억원에 이른다(네이버 증권 2021).

[그림 21] 2020년 최선호 한국 게임 순위 (단위:%)

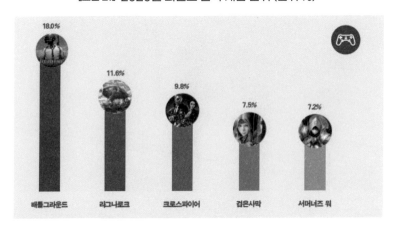

출처: 한국국제문화교류진흥원 2021, 7.

⑦ K-팝과 K-드라마 Case

휴식 및 위로 분야에서 한국의 대표기업은 방탄소년단BTS이 소속된 빅히트엔터테인먼트현 하이브이다. 이제 BTS는 그 자체가 하나의 기업이자 문화이다. 불과 얼마전까지만 해도 한국 대중가수가 미국에서 인기를 얻으리라고는 전혀 생각하지 못했다.

그러나 빌보드 차트 1위를 차지한 BTS의 성공사례에는 바로 혁신이 있었다. 빅히트는 BTS를 해외로 과감히 진출시켰다. BTS의 노래

혁신기업이 부자국민을 만든다

에 녹아있는 메시지와 소셜 미디어를 통한 팬과의 소통은 어려운 처지에 있는 전 세계 수많은 청소년의 공감을 얻어내었다. 이를 반영하듯이 BTS의 공식 팬덤 아미ARMY는 국가와 인종을 불문하고 연대감을 공유하고 있다. 유튜브 같은 인터넷 공유플랫폼은 BTS가 전 세계로 뻗어갈 수 있는 날개를 달아주었다.

[표 14] "휴식 및 위로"를 줄 수 있는 대표적인 회사들과 그 사업 내용 및 영향력

기업	사업 내용과 영향력
하이브	• 2005년 2월 JYP엔터 수석 작곡가 출신 방시혁이 설립 • JYP나 YG 같은 기존 연예 기획사들과 달리, IT 인터넷 기업에 가까운 구조로 운영되어 매출액의 최대 80~90%가 콘서트와 음반에서 발생하는 기획사 사업과 달리 온라인 부문에서 많은 부분 매출 발생 • BTS(방탄소년단), 브레이브걸스 탑티어 아이돌들을 배출 • 팬 커뮤니티 플랫폼인 위버스 출시하여 공연 티켓, 음반, 아이돌 기획 상품 등을 판매하며 엔터테인먼트 플랫폼의 신흥 강자로 부상 • 기존의 방식을 벗어나서 미리 해외에서 정보수집하고 그들이 원하는 방식으로 소통하고 원하는 분야의 노래를 기획하는 등 적극적인 사전 사후 마케팅을 활용하여 성공한 기존에 없던 전략 구사 • 2020년 기준 매출 약 8,000억원, 영업이익 약 1,500억원 • 시가총액: 약 11.8조원(2021.12.31.기준)

BTS의 성공의 배경인 혁신은 새로운 경제적 가치를 창출한다. 코카콜라는 BTS를 모델로 2018년 8월, "코카-콜라 방탄소년단 스페셜 패키지"를 선보였다. 그 결과 2018년 상반기 탄산음료 시장규모는 5,647억원으로 전년 동기에 비해 3.1% 증가했지만, 같은 기간 코카콜라는 BTS 마케팅 효과로 2,685억원의 매출을 기록하며 6.1% 증가했다(이선애 2019).

[그림 22] BTS가 광고에 사용된 코카콜라의 광고 사진

출처: 코카-콜라 저니(https://www.coca-colajourney.co.kr/stories/coke-bts-pack-launch)

2021년 맥도날드는 "BTS세트 메뉴"를 출시하였고, 이는 곧바로 전 세계 팬들 사이에 구매열풍을 일으켰다. 맥도날드는 2021년 2분기 실적에서 매출이 전년 동기보다 40.5%, 순매출은 58억 9천만 달러(약 6조 8천억원)로 전년 동기보다 57% 급증했고, 순이익은 22억 2천만 달러(약 2조 6천억원)로 전년 동기 4억 8,380만 달러의 5배를 기록했다(이벌찬 2021). 혁신의 결과는 경제적 대성공을 가져왔다.

지난 20여년 간 K-드라마는 해외에 수출되어 높은 인기를 누려왔다. MBC의 〈대장금〉, KBS의 〈겨울연가〉, 〈태양의 후예〉, tvN의 〈도깨비〉 등이 대표적이다. 2020년 초 시작된 코로나19도 K-드라마의 인기를 꺾지는 못했다. 비대면 시대에 해외 시청자들은 온라인·모바일 플랫폼, 특히 넷플릭스를 통해 K-드라마를 시청했다. 2020년 최선호 한국 드라마 순위 1위부터 5위까지 넷플릭스가 유통이나 제작에 관여하였다(한국국제문화교류진흥원 2021, 33).

혁신기업이 부자국민을 만든다

[그림 23] 2020년 최선호 한국 드라마 순위 (단위:%)

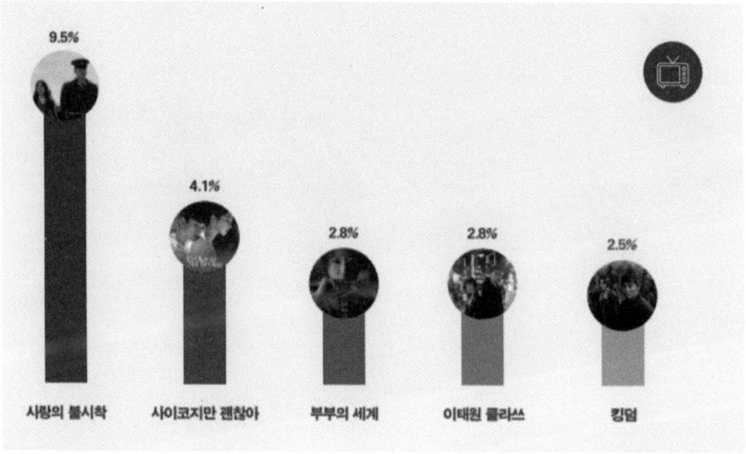

출처: 한국국제문화교류진흥원 2021. 7.

2021년에도 넷플릭스의 플랫폼과 K-콘텐츠에 대한 투자에 힘입어 K-드라마의 인기는 계속되고 있다. 2021년 9월 24일 〈오징어 게임Squid Game〉이 아시아 최초로 전 세계 넷플릭스 TV 쇼 부문 1위를 차지하는 기염을 토했다. 해외 평단의 호평과 함께 〈오징어 게임〉 열풍에 힘입어 드라마에 등장한 물품들도 외국인 시청자들로부터 많은 관심을 받고 있다(이지영 2021).

[그림 24] 전 세계 넷플릭스 TV쇼 부문 순위(2021년 9월 25일)

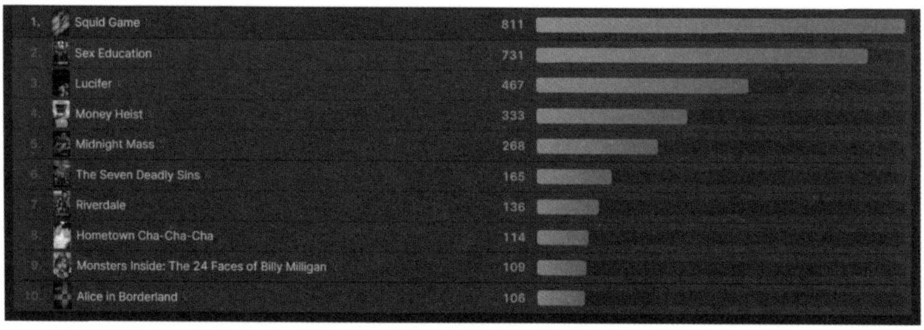

출처: FlixPatrol(https://flixpatrol.com/top10/netflix/#netflix-2)

[그림 25] 한국의 2개 엔터테인먼트 기업의 주가를 급등시킨 <오징어 게임>

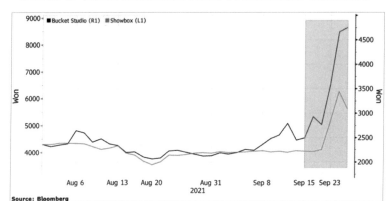

출처: Bloomberg(https://docs.google.com/document/d/1sDQ4tBeu7XbRd3E-XO4wP73aNNkhcp3evHEl5TGjl6A/edit)

그에 따라 <오징어 게임>과 관련된 한국의 버킷 스튜디오와 쇼박스의 주가도 급등하였다(Lee 2021). 코로나 시대에 지친 일상에서 휴식 및 위로라는 인간의 기본적 욕구에 타기팅한 혁신적인 문화컨텐츠의 보급은 필연적으로 경제적 가치를 창출하게 된 것이다.

⑧ 한류와 관광산업 Case

한국은 자영업자의 비중이 높고, 내수시장은 매우 협소하다. 따라서 한국기업들의 성장을 위해서는 해외에서 많은 관광객들이 한국에 와서 호주머니를 열도록 만들어야 한다. K-팝과 K-드라마 등 한국의 소프트 파워Soft Power : 하버드대학교의 조지프 나이(Joseph Nye)가 만든 개념으로서 군사력과 경제력이 하드파워(Hard Power)라면, 문화적 힘과 같은 한 국가의 매력을 의미는 외국인 관광객을 한국으로 유치하는 요인이 될 것이고,

　　　　　　　혁신기업이 부자국민을 만든다

자영업자들은 이를 혁신의 기회로 삼아야 한다. 코로나19 동안 억눌려 왔던 한국방문에 대한 수요가 코로나19 이후 폭발적으로 증가할 것이다. 따라서 K-팝과 K-드라마에 등장한 장소를 스토리 텔링을 통해 특정 지역과 엮어서 관광지화 한다면, 자영업자들이 대부분을 차지하는 소매업, 요식업, 숙박업, 운수업 등이 크게 활성화될 것이다. 해외 관광객의 출신지역과 수요에 맞추어 눈을 보기 힘든 동남아시아, 아프리카, 중남미지역 관광객을 위한 스키장 투어를, 봄에는 여의도, 석촌호수, 진해를 중심으로 벚꽃 구경 프로그램을 고안해 볼 만하다.

　해외 관광객들은 미슐랭 가이드에서 소개하는 고급 레스토랑만을 찾는 것이 아니다. 오히려 평범한 한국인들이 즐겨찾는 맛집을 가고 싶어하지만, 그에 대한 정보부재로 어려움을 겪고 있다. 해결책은 간단하다. 평일 저녁 지상파 TV에서는 전국의 맛집을 소개하는 프로그램이 방영되고, 각 방송사 홈페이지는 맛집의 위치를 소개하고 있다. 수년째 축적된 이 자료는 중요한 관광정보가 될 수 있다. 국내 시청자 대상 프로그램이지만 맛집 정보항목만이라도 외국어로 만든다면, 해외 관광객들이 한국에 와서 맛집을 찾는데 훨씬 도움이 될 것이다. 혁신에는 국경이 없다. 요식업에 종사하는 자영업자들도 한식에만 치중할 것이 아니라 도전정신을 가지고 외국에 가서 현지에서 전통요리를 배워오고, 각국의 유명 요리사들이 한국에 레스토랑을 열어 이를 한국의 최고급 식자재와 접목시킨다면, 한국이 전 세계 미식가들이 찾아오는 "맛의 메카"가 되지 말라는 법도 없을 것이다.

[그림 26] 2019년 관련 통계가 있는 51개국 중 관광산업 GDP 기여도 순위 (단위:%)

출처: 한국문화관광연구원, 연합뉴스에서 재인용(https://www.yna.co.kr/view/
AKR20201008163700030)

2019년 세계 200여개국 관광산업의 GDP 기여도의 전체 평균은
10.4%였다. 그러나 한국문화관광연구원 관광지식정보시스템에 의하
면, 한국 관광산업의 GDP 기여도는 2.8%로 51개 조사국 중에서 꼴
찌였고, 고용기여도도 3.1%로 최하위였다(박상돈 2020). 안타까운
성적표이지만, 이는 거꾸로 한국 관광산업의 잠재력이 아직 충분히
발휘되지 못했다고 볼 수도 있다. 관광산업에 종사하는 자영업자들이
외국인 관광객에게 더 싸고 더 빠르고 더 좋은 서비스를 제공할 수 있
는 기업가 정신으로 무장한 혁신의 주체가 되어야 한다. 이를 통해서
한국의 관광산업은 코로나19 이후 관광대국으로 도약하는 계기를 마
련할 수 있을 것이다.

혁신기업이 부자국민을 만든다

[그림 27] 혁신의 핵심요소 중 단순하고 검증된 비즈니스 모델

IV. 단순하고 검증된 비즈니스 모델

단순하고 검증된 비즈니스 모델은 기업들이 획기적 혁신Innovation Breakthrough을 통해서 가치를 획득하는 중요한 요소이다. 이는 구체적으로 인텔 인사이드Intel Inside, 공동작업 공동작성Co-Create, 값비싼 교체 소모품Expensive Refillable, 인간의 욕구에 정확히 맞는 서비스 Right Service, 구독Subscription으로 구성된다.

[그림 28] 혁신의 핵심요소 중 단순하고 검증된 비즈니스 모델의 설명

출처: IXL Center 2018, 11, 수정·가공

① 인텔 인사이드

"인텔 인사이드"의 대표적인 예로는 인텔인데, 컴퓨터와 노트북이 내장되어 있는 인텔 칩이 그 컴퓨터나 노트북의 단순한 부속품으로 취급되는 것이 아니라, 독자적인 것으로서 가치를 인정받고, 오히려 전체의 값어치를 올리는 것을 말한다. 한국타이어, 로케트배터리^{세방}전지는 부품으로서 현대차에 사용되지만, 이들은 현대차의 브랜드 파워를 인식시키면서도 타이어나 배터리 소비자들에게 자신들의 독자적인 가치를 어필하여 각 사의 제품을 재구매하도록 만든다.

[표 15] "인텔 인사이드"의 대표적인 회사들과 그 사업 내용 및 영향력

기업	사업 내용과 영향력
인텔 (INTC, 나스닥)	• 1968년 설립되어 현재 세계 반도체 시장 1위 기업 자리를 유지 중 • 개인 컴퓨터 시대가 도래하면서 급성장. 마케팅 전략으로 '인텔 인사이드' 프로그램 운영. 이는 OEM과 유통 파트너사가 인텔 브랜드 제품을 광고하면 보상금과 장려금을 지원하는 프로그램으로 산업재 최초의 브랜드 마케팅 전략으로 알려져 있음 • 시가총액: 약 270조원(2021.12.31.기준)
한국타이어	• 1941년 국내 최초로 설립된 타이어 전문 기업으로 국내 1위, 글로벌 6위 기업 • 세계 최고 수준의 품질 경쟁력으로 전 세계 46개 완성차 브랜드 약 320여 개 차종에 신차용 타이어를 공급 중 • 2020년 기준 매출 약 6.5조원, 영업이익 약 6,300억원 • 시가총액: 약 4.8조원(2021.12.31.기준)
세방전지	• 1966년 진해전지로 설립되어 로케트배터리 브랜드를 통해 성장. 이후 현재 국내 납축전지 점유율 1위, 세계 5위 기업으로 성장. 오랜 기간 납축전지 분야에서 쌓아온 탄탄한 네트워크를 통해 자동차의 필수 소모품인 납축전지에서 원가 경쟁력을 인정받아 꾸준히 성장 중 • 전기차 시대 도래에 맞춰 리튬 전지 개발에 집중 • 2020년 기준 매출 약 1.3조원, 영업이익 약 860억원 • 시가총액: 약 9,500억원(2021.12.31.기준)

혁신기업이 부자국민을 만든다

② 공동작업 공동작성

"공동작업 공동작성"은 유튜브, 위키피디아Wikipedia처럼 개인이 자유롭게 플랫폼에 진입할 수 있고, 진입하여 대중의 호응을 얻는다면 돈을 벌 수 있다는 확신을 갖게 해주는 것이다.

[표 16] "공동작업 공동작성"을 가능하게 해주는 대표적인 회사와 그 사업 내용 및 영향력

기업	사업 내용과 영향력
위키피디아	• 2001년 설립되어 현재 비영리 단체인 위키미디어 재단이 운영 중이며 세계 최대 지식창고로 불리움 • 누구든 자유롭게 쓸 수 있는 다언어 백과사전으로 객관성을 유지하기 위해 비영리 단체가 운영하고 있으며 개방성과 접근성으로 성장 • 유저가 올리는 글에 대해 결론을 내리지 않고 중립성을 견지하며 이 때문에 유저들은 자기 글이 설득력을 얻기 위해 보다 정확한 근거를 제시하며 정확성이 향상되는 시스템

③ 값비싼 교체 소모품

"값비싼 교체 소모품"의 예로는 공기 청정기LG전자, SK매직, 삼성전자, 정수기 필터코웨이, 면도기Gillette, 프린터HP처럼 본체보다 교체 소모품을 팔아서 시간이 지날수록 후자를 통해 수익을 얻는 것이다.

[표 17] "값비싼 교체 소모품"의 대표적인 회사들과 그 사업 내용 및 영향력

기업	사업 내용과 영향력
질레트 (GILLETTE, NSE)	• 1901년 설립되어 기술 개발과 브랜드 혁신을 통해 전 세계 면도기 1위 기업으로 성장. 당시 일회용 면도기가 주도하는 시장에서 R&D에 집중하여 높은 품질의 고급 면도기 제품이 시장의 주류로 형성하게 만들어 시장 장악 이후 면도기가 비싸고 면도날이 싼 구조에서 최초로 날을 갈아끼울 수 있는 면도기를 만들어 소모품인 면도날은 비싸게, 면도기 자체는 싸게 바꾸어 비즈니스 모델에서의 혁신을 이룸. 본체는 저렴하게 제공하고 교체하는 칼날은 품질 좋고 고급스럽게 만들어서 계속 구입하도록 유도 • 시가총액: 약 2.8조원(2021.12.31.기준)

HP (HPQ, NYSE)	▪ 1938년 설립되어 개인용 컴퓨터, 노트북, 서버, 프린터 등 다양한 제품을 판매하는 대기업으로 성장 ▪ 프린터 분야에서 프린터 자체는 싸게, 소모품인 잉크 또는 토너를 비싸게 파는 비즈니스 모델로 크게 성장 ▪ 시가총액: 약 50조원 (2021.12.31.기준)

④ 적합한 제공

"적합한 제공"은 소비자 니즈에 맞게 서비스를 조정하여 기업이 새로운 시장을 여는 것이다. 대표적으로 렌터카 분야에서 일당 요율 대신 시간 당 요율을 적용하여 혁신을 이룬 집카Zipcar와 간이 진료소 인 미닛클리닉Minute Clinic이 있다(IXL center 2018, 11).

[표 18] "적합한 제공"의 대표적인 회사들과 그 사업 내용 및 영향력

기업	사업 내용과 영향력
집카(ZIPCAR)	▪ 2000년에 설립된 소셜벤처로 사용자들이 차량을 공유하는 카셰어링 플랫폼 서비스 제공 ▪ 기존에 일 단위로 차량을 빌려주는 렌트 개념에서 벗어나 시간 단위로 차량을 빌려주는 카셰어링이라는 시장을 개척한 기업 ▪ 당시 생활비 절감이 절실했던 미국인들을 상대로 필요했던 서비스를 만든 것으로 평가받음 ▪ 매출이 폭발적으로 증가하여 한 때, 연매출 약 3,500억원을 기록하였으며 2013년 자동차 렌트 대기업인 Avis에 약 6,000억원에 인수되었음
미닛클리닉	▪ 2000년 당시 의사의 진료가 필요 없는 사소한 질환의 진단도 오랜시간 기다려야 된다는 점을 노려 퀵메덱스 설립. 이후 미닛클리닉으로 바뀌었고 현재 미국 33개주에 1,100개 지점, 연간 50만 명이 넘는 환자들이 찾는 진료소로 자리 잡음 ▪ 2006년 CVS에 인수되어 CVS의 사업 부문으로 자리 잡음

혁신기업이 부자국민을 만든다

⑤ 구독

"구독"은 넷플릭스와 유튜브 프리미엄처럼 소비자들의 구독을 통해 서비스를 제공하여 수익을 얻는 모델이다.

[표 19] "구독"의 대표적인 회사들과 그 사업 내용 및 영향력

기업	사업 내용과 영향력
넷플릭스 (NFLX, 나스닥)	▪ 넷플릭스는 미국의 멀티미디어 엔터테인먼트 OTT 기업. '넷플릭스'라는 이름의 유래는 인터넷(net)+영화(flicks)이며, "미국 내 프라임타임 인터넷 트래픽의 3분의 1을 넷플릭스가 사용하고 있다"는 CNN의 보도가 있을 정도로 엄청난 인기를 끌고 있음. 방송산업의 역사를 새로 쓰고 있다고 평가받음 ▪ 2009년부터 9년간 기록한 수익률은 무려 4,912%. 당시 5.67달러였던 주가는 2020년 12월 기준으로 534.45달러에 달함 ▪ 시가총액: 약 300조원(2021.12.31.기준)
유튜브 프리미엄	▪ 2015년 10월 21일에 처음 발표된, 구글에서 서비스 중인 유튜브의 유료 요금제 ▪ 대다수의 사람들이 유튜브 프리미엄에 가입하려고 하는 가장 큰 이유는 광고 때문인데, 유튜브는 대개 영상마다 광고가 나오기 때문에 길이가 긴 동영상을 끊김 없이 시청하는데 어려움이 있음 ▪ 유튜브 프리미엄은 유튜브 뮤직 서비스도 함께 제공하기 때문에 한국에서의 원사이트들의 비용이 대개 한달 정기결제가 1만원이 넘는 상황에서 "음원서비스 + 영상 광고 제거"가 합리적인 선택으로 생각하는 사람이 많음

혁신 자본주의

제2부
혁신 자본주의

4장 : 혁신 자본주의에 반하는 경제 이데올로기들

Ⅰ. 혁신 자본주의의 대전제

이 책의 첫 문장에서 언급한 것과 같이, 혁신이란 새로운 방식들로 새로운 가치를 창출하고 획득하는 것이다. 이러한 혁신의 개념을 개인(소상공인)과 기업으로부터 국가 단위로까지 확장하여 자본주의라는 체제의 발전방안을 제시하기 위해서는 한 국가의 정치·경제체제가 "국민의, 국민에 의한, 국민을 위한"이라는 대전제 그리고 "선택할 자유Free to Choose"라는 대전제에 얼마나 부합하는지가 기준점이 되어야 한다고 생각한다. 이러한 기준들로 기존의 사회주의, 정경유착 자본주의, 중국식 붉은 자본주의를 비교·분석해 보았을 때, 혁신 자본주의가 위의 두 대전제에 가장 잘 부합하는 미래의 새로운 대안이 될 수 있기 때문에, 합리적이고 이성적인 국민들의 선택과 지지를 받을 것이라고 제시하는 것이다.

기업의 혁신은 국민 개개인의 구체적인 삶의 향상과 직결된다. 첫째, 기업에서 혁신이 일어나면, 판매하는 제품의 질과 서비스의 종류가 발전하게 되고, 이를 사용하는 국민의 삶이 보다 편리해 진다. 이

러한 종류의 혁신은 아주 작은 것으로도 큰 효과를 보는 경우가 있는
데, 예를 들면 코털가위의 뾰족한 끝부분이 약간만 휘어지게 만드는
제품의 혁신을 통해서, 안전하고 보다 나은 품질의 것을 국민이 누리
는 것을 들 수 있다. 둘째, 기업의 혁신은 국내적·국제적으로 사업을
확장하도록 만들고, 이는 고용창출의 확대와 더 많은 부의 창출의 원
동력이 된다. 셋째, 이렇게 확대·창출된 부를 통해서 정부의 복지혜
택이 확대된다. 넷째, 국민 개개인이 국민연금 등 모든 연기금을 통한
관련 우량기업들의 직·간접적인 주주가 될 수 있다(국민연금 등 연기
금의 개혁에 관행서는 제7장 연기금을 참조하라). 다섯째, 기업의 혁
신 - 연기금의 자본화를 통한 매개점 - 국민의 (경제적) 삶의 향상이라
는 선순환을 통해서 부의 축적과 부의 선순환이 이루어지게 된다.

 혁신 자본주의와 대척점에 서 있는 사회주의·정경유착 자본주의·
중국식 붉은 자본주의를 표로 정리하여 비교하면 다음과 같다.

[표 20] 혁신 자본주의와 다른 자본주의 및 사회주의 비교

	사회주의	정경유착 자본주의	중국식 붉은 자본주의	혁신 자본주의
누구의	정부	정부	중국 공산당	국민
누구에 의한	국영기업	정부와 유착한 중소기업 중견기업 대기업	붉은 자본가 국영기업	자영업자 중소기업 중견기업 대기업 스타트업 벤처
누구를 위한	정부	정부 및 정부와 얽혀 있는 대기업 집단	중국 공산당	국민

혁신기업이 부자국민을 만든다

선택할 자유: 소비, 취직/이직, 창업, 신사업	낮음	제한적	제한적	높음
토지 소유권	국가	국민	국가	국민
정치체제	일당독재	민주주의 독재 전체주의	일당독재	민주주의
국가사례	구소련 유럽 덩샤오핑 이전의 중국 동독·남미	독일·일본 한국 시진핑 이전의 중국 및 기타 발도상국들	시진핑 이후의 중국	미래의 한국

II. 사회주의

사회주의는 거의 대부분 혁명을 통해서 공산당 일당독재체제가 수립된다. 정부는 사유재산을 부정하기 때문에 부르주아의 재산을 국유화하고, 시장원리가 아닌 계획에 따라서 경제가 흘러간다.

기본적으로 국민 개인은 상품이나 서비스를 선택할 자유가 없다. 직업을 선택하거나 창업을 할 수도 없다. 국민은 정부가 배정한 직장에서 일하게 되고, 실적에 따른 보상 체계는 미흡하다. 따라서 국민은 생산성 향상을 위한 동기를 상실하게 되고, 경쟁이 없는 상태에서 생산을 담당하는 국영기업들은 비효율적일 수밖에 없다. 앞에서 설명한바와 같이 혁신을 도모하는 개인과 기업만이 국가의 풍요를 이끌어낼 수 있다. 시장에서의 경쟁과 국민의 니즈를 부정하는 사회주의 체제 하에서는 구조적으로 혁신이 일어날 수 없다.

일례로 동독은 국민차 보급의 일환으로서 유일한 자동차 모델인 트라반트Trabant를 1959년부터 생산하기 시작하였다. 그러나 국민차라는 말이 무색하게 트라반트는 계약부터 인수까지 10년이 넘게 걸렸다. 더 가관인 것은 1963년 18마력 엔진을 23마력 엔진으로 딱 한 번 변경하였을 뿐 1990년 통일될 때까지 트라반트의 디자인과 성능은 그대로였다는 점이다. 1991년, 자연스럽게 트라반트는 시장에서 퇴출되어 생산이 중단되었다(전영선 2017). 냉전기의 사회주의 진영에서 세계적 경쟁력을 갖춘 국영기업은 존재하지 않았고, 국민소득이 획기적으로 높은 국가도 없었다.

[그림 29] 자본주의와 사회주의 간의 격차

주(註) : 1989년 베를린 장벽 붕괴 후 자본주의 서독과 사회주의 동독 간 경제수준과 기술력 차이를 한눈에 보여주는 (좌)메르세데스 벤츠, (우)트라반트
출처: Alamy Stock Photo(https://www.alamy.com/a-west-german-mercedes-parked-next-to-an-eastgerman-trabant-the-fall-image9255104.html)

혁신기업이 부자국민을 만든다

[그림 30] 소련 붕괴 직전 우유를 사기 위해 줄을 선 소련인들

출처: English Russia(https://englishrussia.com/2017/04/14/lines-in-soviet-union/)

자신의 성과에 대한 공정한 보상을 추구하는 인간의 기본적인 욕구를 무시하는 사회주의는 극소수의 정부 고위관료와 당 간부만을 부유하게 했을 뿐, 절대 다수의 국민을 빈곤에 빠뜨렸다. 중국의 15억 인구를 대표하는 전국인민대표회의는 약 3,000명으로 구성되어 있는데, 이 3,000명 중 부자순위로 상위 100명의 재산이 3,910조 위안(약 6,130억 달러, 한화 약 720조원)이라고 한다(Reuters Staff, 2018). 상위 100명의 일인당 평균 재산이 7.2조라는 것은 사회주의를 표방하는 국가의 모순 내지 이중성을 적나라하게 보여주는 예라고 할 것이다. 1991년 소련의 붕괴와 함께 사회주의 경제는 실패로 끝이 났다. 아직까지도 사회주의를 표방하는 나라들이 있지만, 이들의 실상을 들여다보면 사회주의와는 거리가 멀다. 1990년대 "고난의 행군" 이후 북한에서는 자본주의의 상징인 시장, 즉 장마당이 주민들에 의해 활성

화되었고, 쿠바는 외화벌이를 위해서 외국인을 대상으로 관광업에 열을 올리고 있다.

그럼에도 불구하고 최근 한국에서 불고 있는 사회주의적 포퓰리즘, 이른바 부자와 대기업을 악으로 규정하고, 이들에게 세금을 거두어 가난한 사람에게 분배하겠다는 발상은 근시안적이고, 다분히 선동적이다. 왜 한국이 우고 차베스Hugo Chávez와 니콜라스 마두로 Nicolás Maduro가 망쳐놓은 베네수엘라를 답습하려고 하는가? 역사가 명백히 증명하듯이 사회주의는 이미 실패한 이념이다.

III. 정경유착 자본주의

18세기 산업혁명의 선두주자인 영국을 따라잡기 위해서 19세기 독일과 일본은 시장이 아닌 정부가 주도하는 산업화를 진행하였다. 이러한 산업화 전략은 훗날 독일과 일본이 세계적인 공업국이 되는 데 기여하였다. 특히 제2차 세계대전 전시 경제하 독일과 일본에서 정부와 오늘날 전범기업으로 불리는 대기업 간의 정경유착은 극에 달하였다. 제2차 세계대전 패전 후 서독(1949－1990, 이후 독일)과 일본의 정경유착 자본주의는 미국의 영향 하에 완화된 듯 보였지만 지속되었고, 정경유착 자본주의는 20세기 후발 개발도상국에서 만연하였다.

그 중 산업화에 성공한 정경유착 자본주의의 한 형태가 일본을 원형으로 관료적 자율성 및 정부와 재계의 협력 하에 수출주도형 산업화Export-Oriented Industrialization를 통해 경제발전을 도모한 발전국가 Developmental State 모델이다. 이를 모델로 1960년대 이후 한국과 대만은 수출을 진흥하여 신흥공업국의 반열에 올랐고, 이후 발전국가 모델은 중국과 동남아시아 국가들에도 영향을 주었다. 그러나 산업화 과정에서 이러한 정경유착 자본주의는 정치적으로 대개 권위주의 체제의 성격을 띤다. 민주화 이후에도 시장논리보다 정부와 결탁한 대기업에 정부가 금융 및 조세혜택을 주어 대기업 중심으로 경제를 발전시키는 전략을 추구한다. 이 때문에 정경유착 자본주의 국가에서 부정부패는 불가피하다. 또한 정치권과 손을 잡은 대기업으로 경제력이 집중되면서 독과점이 발생하게 된다. 소비자의 선택권은 존재하지만 제한적이며, 구직이나 이직도 대기업으로 집중된다. 이러한 정치경제구조 하에서 권력에 줄을 대지 못한 국민 개인이 창업을 하고, 시장에서 성공하는 것은 가능하기는 하지만 그 확률은 매우 낮다.

2016년 이코노미스트는 독점적이거나 정부 허가 및 정부에 크게 의존하는 10개 산업이 GDP에 차지하는 비율을 기준으로 정경유착 자본주의 지수의 국가별 순위는 발표하였다. 순위가 높을수록 정치권과의 관계가 기업 비즈니스에 절대적 영향력을 미치는 국가라고 볼 수 있다.

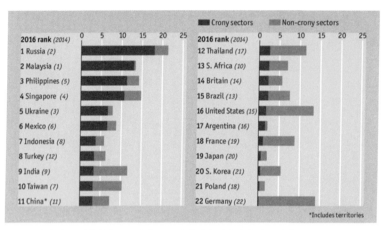

[그림 31] 2016년 정경유착 자본주의 지수 (단위:%)

주(註) : 감색-정부 영향력이 높은 산업부문, 청색-정부 영향력이 낮은 산업부문
출처: Forbes · IMF · The Economist, The Economist에서 재인용(https://www.economist.com/
international/2016/05/07/the-party-winds-down)

이 표에서 일반적인 예상과 크게 다르게 보이는 것은 독일도 정
경유착 자본주의의 그늘에서 여전히 벗어나지 못하고 있다는 것이
다. 2015년 9월, 미국에서 폭스바겐Volkswagen이 디젤 배출가스를
조작했다는 사실이 폭로되었다. 이른바 디젤게이트Dieselgate라 불
리는 이 스캔들로 폭스바겐을 위시한 독일 자동차산업과 여야 정
치권 간의 밀접한 관계가 수면위로 떠올랐다. 앙겔라 메르켈Angela
Merkel 전 총리 재임 당시 기독교민주연합 Christlich Demokratische Union
Deutschlands, CDU 소속의 국무장관이었던 에카르트 폰 클래덴Eckart
von Klaeden은 다임러Daimler AG의 수석 로비스트였고, 10대 대통령
크리스티안 불프Christian Wulff와 사회민주당Sazialdemokratische Partei
Deutschlands, SPD 소속의 게르하르트 슈뢰더Gerhard Schröder 전 총리

혁신기업이 부자국민을 만든다

등이 폭스바겐 임원으로 활동하였다(윤지원 2015).

한국은 제2차 세계대전 이후 독립한 개발도상국들 중에서는 정경유착 자본주의 하에서 단기간에 산업화를 달성한 유일한 성공사례이다. 산업화를 거치면서 전반적인 국민의 삶의 질이 많이 향상되었지만, 현재의 문제는 상대적으로 너무나 많은 혜택이 정부와 대기업에 돌아가는 바람에, 도덕적 문제와 그 한계를 노출했다는 점이다. 정경유착은 대기업의 부실을 양산하였다. 경제규모가 커지고 세계화되면서 예전처럼 정부주도로 시장과 대기업을 통제하는 시대는 끝이 났다. 이제 시대변화에 걸맞은 정부와 기업 간 새로운 협력관계를 정립할 때이다.

Ⅳ. 중국식 붉은 자본주의

1978년 덩샤오핑鄧小平이 개혁·개방을 선언한 이후 공산당 지도자들은 자본가들을 포용하는 실용적인 리더십을 보여주었고, 알리바바Alibaba의 창업가 마윈馬雲에게서 엿볼 수 있었던 기업가정신은 중국을 미국에 이은 경제대국으로 올려 놓았다. 그리고 2008년 글로벌 금융위기 이후 미국식 신자유주의의 대항담론으로서 시장기능을 정부가 관리하는 중국식 국가발전모델이 주목 받기도 하였다. 그러나 중국식 붉은 자본주의는 사회주의와 정경유착 자본주의의 중간형태로서 국민의 선택할 자유는 제한적일 수밖에 없다.

1990년대와 2000년대 초 중국은 국영기업 개혁을 통해 국가주도 경제에서 탈피해서 민간주도 경제로 가는 듯했다. 그러나 중국의 최고권력은 국가 위에 군림하는 공산당에 있고, 현재 시진핑 치하 중국의 붉은 자본주의는 시장을 통제하고 있다. 대표적인 예가 국영기업이다. 국영기업은 중국경제의 중추로서 2017년 GDP의 23-28%, 고용의 5-16%를 담당했으며(Cai 2019), 2019년 CSI300 지수의 60% 이상이 국영기업들이었다(Hissey 2019). 따라서 중국은 국영기업을 구조조정하기보다 국영기업들을 합병해서 거대 국영기업 그룹으로 만들고, 이들을 공산당의 정책도구로 활용하는데 중점을 두고 있다. 그 결과 중국의 국영기업들은 중국 기업 시가총액의 40%를 차지하며, 채권시장에서 국영기업들이 발행한 채권은 전체 채권의 대부분을 차지한다(Borst 2021). 민간기업들이 경쟁하는 영역에까지 국영기업이 개입할수록 독점은 가속화된다. 소비자의 선택의 폭은 좁아지고, 구직자들은 국영기업으로 몰리게 된다. 국민 개인은 혁신적 아이디어를 가지고 창업하기를 주저하게 되고, 기업가들은 기업가정신을 발휘하여 사업을 키우기보다 공산당에 가입하고, 공산당과 결탁하여 자신과 기업의 안위만을 걱정하게 된다.

한 통계에 의하면, 중국 대학졸업생 중 42%가 국영기업에서 일하고 싶어하고, 19%만이 민간부문으로 가기를 원했다. 젊은 인재들이 생산적이고 혁신적인 분야로 가기를 주저하는 것이다(Schuman 2021). 그럼에도 불구하고 국영기업에 대한 대출을 심사하고, 국영기업과 국영은행들의 부실을 감독해야 하는 관료들 사이에서는 부정부패가 만연해 있다.

혁신기업이 부자국민을 만든다

[그림 32] 붉은 자본가들

주(註) : 2018년 12월 18일, 중국 공산당으로부터 유공자로 선정되어 표창을 받은 마화텅 텐센트 회장(왼쪽)과 마윈 당시 알리바바 회장(오른쪽)
출처: AFP/Getty Images, Daily Mail에서 재인용(https://www.dailymail.co.uk/news/article-6746697/Alibabas-Jack-Ma-richest-Chinese-person-earth-fortune-29-BILLION.html)

중국 최고의 정치행사인 전국인민정치협상회의와 전국인민대표회의에는 한때 노동자와 농민의 적敵이었던 수많은 억만장자들이 포진해있다. 그리고 이들은 공산당의 비호 아래 빠르게 재산을 불리고있다. 그러나 알리바바의 마윈이 하루 아침에 사라지는 운명을 맞이할 수밖에 없었던 것처럼, 중국 경제인들의 생사여탈권은 중국 공산당이 쥐고 있다. 결국 붉은 자본주의는 민간기업의 목줄을 쥐고 경제적 이권까지 추구하고 있는 중국 공산당 고위층과 대자본가들 간의 꽌시關係가 만들어낸 중국판 정경유착 자본주의라고 볼 수 있다.

게다가 2021년 11월 11일 중국 공산당은 제 19기 중앙위원회 6차

전체회의에서 "역사 결의"를 채택하였다. 이번 역사 결의는 1945년 마오쩌둥毛澤東, 1981년 덩샤오핑에 이어 세 번째의 역사 결의이며, 이를 통해 현재 당 총서기인 시진핑 국가주석은 중국 공산당 역사에서 앞의 2명과 같은 반열에 올라가게 되었다(이종섭 2021).

여기에서 눈여겨볼 것은 10년 주기로 최고 권력자를 바꾸는 중국 공산당 내 파벌간의 암묵적인 룰을 깨고 시진핑이 종신 집권하는 길을 열었다는 점이다. 겉으로 강고한 1인 독재체제를 구축한 것처럼 보이지만, "시진핑이 곧 국가"인 단계에 들어서면서 이제 중국경제는 독재자 개인의 권력 유지와 연장을 위한 도구로 전락할 것이다. 정치적 논리에 따라 시장에 대한 통제는 더욱 심해질 것이고, 중국경제는 시장의 자유를 통해 얻을 수 있는 큰 이점을 계속해서 상실해갈 것이다. 대외적으로 시진핑 내세우는 중화주의와 대만 및 남중국해에 대한 노골적인 위협은 내부결속을 가져다 주었지만, 미국과 그 동맹국 그리고 주변국과의 긴장을 고조시키는 결과를 낳았다. 그러나 시진핑이 엄포를 놓은 이상 이제 중국은 돌이킬 수 없는 강을 건너고야 말았다. 외세에 물러서는 모습을 보이는 순간 중화주의의 위대한 부흥을 외친 시진핑의 운명도 끝이 날 것이기 때문이다. 따라서 시진핑의 1인 독재는 궁극적으로 중국경제를 후퇴시킬 것이고, 국제사회에서 중국을 고립시키는 결과를 초래할 것이다.

V. 혁신 자본주의 vs. 자본주의

이처럼 사회주의, 정경유착 자본주의, 중국식 붉은 자본주의 모두 "국민의, 국민에 의한, 국민을 위한" 기준 및 "선택할 자유"와는 거리가 멀다. 해답은 혁신 자본주의에 있는데, 아래의 표는 혁신 자본주의가 자본주의 안에서도 어떻게 다른지를 잘 보여준다.

[표 21] 혁신 자본주의와 다른 자본주의들의 비교

	자본주의	정경유착 자본주의	혁신 자본주의
아이디어의 원천	개인이 아이디어를 갖고 있다.	개인이 아이디어를 갖고 있다.	개인이 아이디어를 갖고 있다.
회사설립	그 아이디어를 갖고 있는 사람이 회사를 설립하고 그 아이디어로부터 제품을 생산한다.	그 아이디어를 갖고 있는 사람이 회사를 설립하고 그 아이디어로부터 제품을 생산한다.	그 아이디어를 갖고 있는 사람이 회사를 설립하고 그 아이디어로부터 제품을 생산한다.
소비자	소비자는 제품을 소비한다.	소비자는 제품을 소비한다.	소비자는 제품을 소비한다.
기업성공	기업은 성공을 거둔다.	기업은 성공을 거둔다.	기업은 성공을 거둔다.
정부와 기업	누군가가 더 좋은 아이디어를 갖고 더 나은 상품을 만든다.	정부가 기업에 더 많은 특혜를 제공하게끔 기업은 정부를 조종하는데 그 수익을 사용한다.	기업은 더욱 혁신적인 아이디어를 갖고 더 빠르게, 더 싸게 초격차로 차별화한 더 나은 상품을 만든다.
소비자의 선택	소비자는 더 나은 상품을 제공하는 새로운 기업의 상품을 소비한다.	누군가가 더 좋은 아이디어를 갖고 더 나은 상품을 만든다.	소비자는 더 나은 상품을 제공하는 기존 혁신기업의 상품을 구매한다.
성공기업의 요인1	새로운 기업은 더욱 성공하게 된다.	소비자들은 구제품을 구매하도록 강요된다.	초격차로 차별화한 혁신기업은 더욱 성공하게 된다.
성공기업의 요인2	가장 혁신적인 기업들이 가장 많은 돈을 번다.	가장 부패하고 정부와 결탁한 기업들이 가장 많은 돈을 번다.	가장 혁신적인 기업들이 가장 많은 돈을 번다.

출처: Graphic of the day: Capitalism vs. crony capitalism(Perry 2018) 수정·가공

혁신 자본주의는 투명하고 공정한 자유민주주의 정치체제 하에서만 작동될 수 있다. 이것이 정경유착 자본주의와의 가장 큰 차이점이다. 기업이 혁신의 주체이자 경제성장의 엔진이라는 인식을 공유한다는 점에서 자본주의와 유사하기는 하다. 그러나 혁신 자본주의는 한발 더 나아가서 기업의 혁신을 강조하고, 거기에서 발생된 이익을 국민 및 정부와 연계시켜 국부를 계속해서 늘리는 것을 목표로 한다는 점에서 우리가 알고 있는 자본주의보다 훨씬 더 원대하고, 상생적이고, 미래지향적이며, 진화된 자본주의의 새로운 형태라고 할 수 있다.

혁신 자본주의의 대표적인 예로 아일랜드를 들 수 있다. 대서양의 작은 섬나라 아일랜드는 협소한 국내시장의 한계를 깨닫고, 일찍이 자유무역과 개방경제에 눈을 떴다. 정부 주도로 1970년 설립된 산업개발청Industrial Development Authority, IDA은 법인세 인하와 같은 친親기업적인 제도의 혁신을 통해 다국적 하이테크 기업들을 아일랜드로 유치하는 역할을 하였다. 또한 1973년 유럽경제공동체European Economic Community, EEC; 현 유럽연합에 가입하여 기업들이 유럽시장에 자유롭게 접근할 수 있는 발판을 마련하였다. 특히 정부는 미래 경제 성공의 관건이 교육에 있다는 것을 인식하고, 교육과 그 인프라에 대대적인 투자를 하였다(Dorgan 2016). 그 결과 아일랜드는 유럽의 빈국貧國에서 켈트의 호랑이Celtic Tiger로 도약하였다. 2001년 아일랜드는 자신을 식민 지배했던 영국을 1인당GDP에서 추월하였고, 2020년 현재 아일랜드는 1인당 GDP 83,812달러를 기록함으로써 40,284달러에 그친 영국과의 격차를 2배 이상 벌려놓았다(World Bank n.d.).

무엇보다도 혁신 자본주의는 사회주의 등의 대척점에 서 있다. 사회주의적 포퓰리즘에 편향된 혹자들은 일부 대기업의 도덕적 문제를 제기하며 대기업을 해체한 후 대기업이 쌓아둔 돈을 국민에게 나누어 주자는 주장을 펴기도 한다. 그렇게 한다면 국민이 정말 살기 좋아지게 될까? 기업은 정부와 국민이 적극적으로 지지하고 지원해야 하는 "황금알을 낳는 거위"이다. 황금알을 낳는 거위의 배를 갈라서 먹고 난 후 잠깐의 포만감은 있을 수 있다. 그 후에는 어떻게 할 것인가? 한마디로 그것은 분배적 정의를 실천하는 것이 아니라 반反기업정서를 조장하여 궁극적으로 국가와 국민을 재앙에 빠뜨리는 포퓰리즘에 불과하다. 포퓰리즘에 입각한 기업규제는 사회주의의 사례에서 보았듯이 국민의 선택할 자유를 근본적으로 침해하는 것이고, 작금의 치열한 경제 세계대전에서 한국을 무장해제시키자는 것이나 다름없다.

혁신 자본주의는 혁신을 통해 황금알을 낳는 거위가 더 크고 많은 황금을 낳을 수 있고, 황금알을 낳을 수 있는 새로운 거위를 더 많이 탄생시키는 것을 목표로 한다. 그러면 일반 국민과 관계없이 계속 기업들만 좋아지는 것 아니냐는 반문이 나올 수 있다. 혁신 자본주의는 기업의 과실果實이 국민 개인 및 정부와 연동 된다. 따라서 혁신을 통해 기업의 성장할수록 국민과 정부의 부 역시 증가한다.

5장 : 혁신 자본주의의 구조

Ⅰ. 혁신 자본주의의 선순환 구조

현행 자본주의의 문제는 기업이 높은 수익을 올려도 대다수의 국민들은 이를 피부로 느끼지 못하고, 자본주의의 꽃인 주식시장이 예측 불가능하다는 불안감을 가지고 있다는 점이다. 그러나 혁신 자본주의는 이러한 문제점을 일소하고, 경제적 가치를 창출할 수 있다.

혁신 자본주의에서 국민연금의 포트폴리오 개혁을 이끌어낼 수 있다면, 주식시장에 풍부한 자금을 안정적으로 공급하게 되어 하방안정성을 확보하게 되고, 국민연금 등에 가입한 모든 국민이 국내 우량기업의 주식을 보유하는 주주가 될 수 있다. 따라서 기업의 이익이 곧바로 국민과 공유된다. 이런 흐름이 지속되면서 미래세대 국민연금 고갈에 대한 우려도 사라지고, 국민·기업·정부를 잇는 선순환 구조가 안착된다(이에 관한 자세한 내용은 제7장 연기금을 참조하라).

혁신기업이 부자국민을 만든다

[그림 33] 혁신 자본주의의 구조

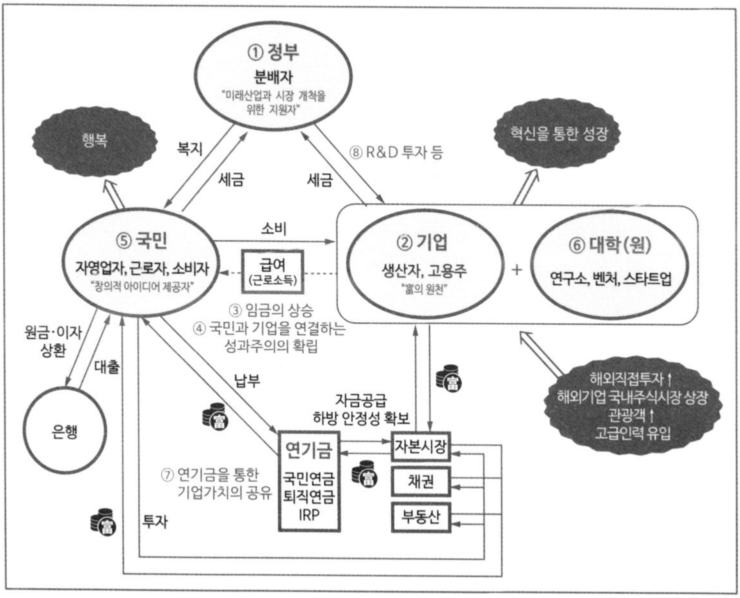

① 정부(의 혁신)

　기본적으로 정부는 복지를 통해 부의 분배기능을 담당하지만, 혁신 자본주의에서 분배와 성장은 양자택일이 아니라 같이 맞물리면서 작동한다. 이 때문에 혁신은 정부에게도 요구된다. 역설적으로 들릴 수도 있지만 정부의 혁신은 더 나은 부의 분배를 위해 기업 친화적인 마인드를 가지고, 투명하고 예측 가능하며 공정한 제도를 확립하는 것이다. 또한 정부는 민간부문이 나서기 힘든 인프라 구축과 연구개발Research and Development, R&D 투자 그리고 자유무역협정Free Trade Agreement, FTA 등을 통해 기업이 새로운 시장에 도전할 수 있는 기회의 장을 제공하는데 앞장서야 한다. 그리고 획기적인 혁신이 많이 일어날 수 있는 방향으로 대학 정원과 커리큘럼 재편을 통해서 대학 내 벤처창업을 위한 유리한 환경을 조성하고, 4차 산업혁명이 필요로 하는 인재를 양성하며, 기업과 대학의 협업에서도 R&D 투자 등을 지원함으로써 혁신을 촉진시켜야 한다. 혁신기업이 전 세계에서 새롭게 창출하고 획득한 경제적 가치는 소득세와 법인세라는 이름으로 정부의 곳간으로 들어온다. 이러한 세수稅收의 증가는 다시 복지를 통한 부의 분배와 혁신기업 지원을 위한 투자의 재원으로 계속해서 활용된다.

정부는 2017년부터 2020년 말까지 공무원 수를 10만 명 가까이 증원하였고, 2020년말 현재 총 공무원 수는 113만1,796명에 달한다. 문제는 지난 20년 간 증가한 공무원 수보다 최근 약 4년 간 늘어난 공무원 수가 더 많다는 점이다. 국민에게 제공하는 서비스 수준을 높이기 위해 공무원 증원이 불가피하다고 하지만 공무원 수의 증가는 필연적으로 정부재정과 공무원 연금에 큰 부담을 가져온다(손해용 2020). 지방직 공무원을 제외하고도 2021년 중앙정부 공무원 인건비는 사상 처음 40조원을 넘겼고, 정부의 2022년 예산안은 중앙정부 공무원 인건비로 2021년 대비 2.73% 증가한 41조 3천억원이 편성되었다(전경운 2021).

혁신기업이 부자국민을 만든다

[그림 34] 역대 우리나라 정부공무원 수 증감

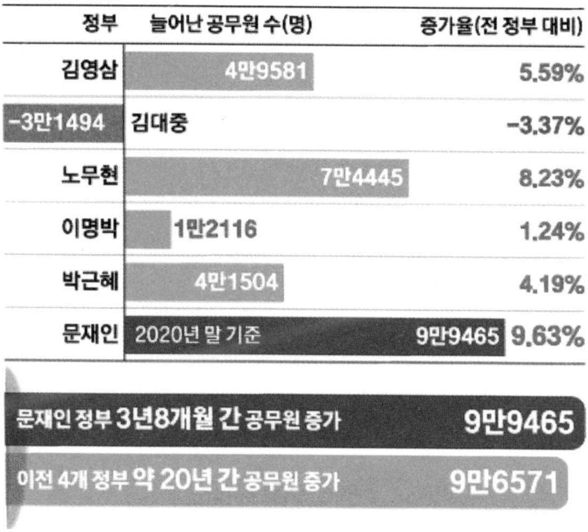

정부	늘어난 공무원 수(명)	증가율(전 정부 대비)
김영삼	4만9581	5.59%
김대중	-3만1494	-3.37%
노무현	7만4445	8.23%
이명박	1만2116	1.24%
박근혜	4만1504	4.19%
문재인	2020년 말 기준	9만9465 9.63%

문재인 정부 3년 8개월 간 공무원 증가	9만9465
이전 4개 정부 약 20년 간 공무원 증가	9만6571

출처: 정부조직관리시스템, 중앙일보에서 재인용(https://mnews.joins.com/amparticle/24062148)

공무원의 양적 증가가 단기간 고용지표를 상승을 위해 공무원을 늘리고 있는 것은 아닌지 비판적으로 바라 보아야 한다. 문재인 정부 3년 8개월 간 공무원 증가수가 이전 4개 정부 약 20년 간의 공무원 증가보다 빠르다는 것은 문제의 심각성을 보여준다. 혁신 자본주의에서 고용의 주체는 정부가 아니다. 따라서 공무원 수를 증원하기만 하는 것은 분명히 반혁신적이다. 혁신의 경제적 가치는 구체적으로 매출증대, 수익증대, 원가절감, 대체적 프리미엄Alternative Premium을 갖는 것을 통해서 달성되는데, 공무원 수가 증가한다는 것은 원가임금가 증가하는 것으로서 새로운 수익성을 창출하지 못 하는 것이 명백하기 때문이다.

② 기업(의 혁신)

혁신기업들의 성장과 혁신신생대기업의 탄생은 새로운 양질의 일자리를 많이 만들게 된다. 단순·반복 노동은 로봇과 자동화Automation로 대체되고 고부가가치 중심 경제로 업그레이드된다. 따라서 전 국민 모든 연령과 계층에게 긍정적인 효과를 미치게 된다. 사실상 혁신 자본주의는 전 국민을 대상으로 한다. 10대 청소년은 장차 혁신기업에서 일하고 싶다는 생각을 하게 되고, 일찍이 자신도 기업가가 되고 싶다는 포부를 가질 수 있다. 20, 30대 청년 구직자는 당장 취업할 수 있는 건실하고 유망한 신생 혁신기업들이 늘어나게 되고, 그에 맞추어 스펙을 높이게 된다. 그리고 현직 종사자와 대학원생들은 벤처기업과 스타트업 창업을 통해서 자신이 직접 혁신기업을 만들고 키우는 기업가가 될 수 있다. 수년간 기약없이 공무원 시험을 준비하거나 단기 공공일자리에 의존하는 것보다 4차 산업혁명과 맞물린 혁신 자본주의는 청년들에게 창의력 발휘를 통해 쓰러진 사다리를 다시 세워 위로 올라갈 수 있는 "사회 이동Social Mobility"의 기회를 제공한다.

③ 임금의 상승

현재 국내기업의 독점화로 인해서 임금협상력이 약한 모든 근로자들이, 자신들이 근무하는 기업의 혁신을 통해서 임금의 상승을 기대할 수 있고, 자신의 경험과 경륜을 기반으로 본인의 노동 경쟁력을 향상시켜 더 다양해지고 나아진 신생혁신기업들로 자유롭게 이직할 수 있는 기회를 얻을 수도 있다. 글로벌 혁신기업의 모든 근로자는 세계적 경쟁사와의 걸맞은 임금을 통해서 현재의 임금의 상승을 기대할 수 있다. 자영업자들도 혁신기업들이 창출한 부와 고용 그리고 그로 인해 파급된 경제활성화는 수입의 증가로 이어지고, 스스로에게 경쟁력 제고를 위한 혁신의 동기를 부여할 수 있다. 그리고 은퇴생활자는 대부분 우량 혁신기업들 주식에 투자한 퇴직연금 및 개인연금 등의 수익률 상승에 힘입은 연금 소득상승으로 안정된 노후를 보장받을 수 있다.

혁신신생대기업의 증가와 성장으로 국민의 근로소득이 올라간다고 해도 국민이 주택의 임차인으로만 살고 주식 투자등을 못해 자본이익을 얻지 못 한다면, 국가의 근간인 중산층이 확대되고 유지될 수 없다. 따라서 이 책은 모든 국민이 주택 소유주가 되는 것을 정부의 백년대계로 삼고, 주택 건설을 확대할 것을 촉구하고 모든 국민이 우량 혁신기업 주식 투자를 통해 주주가 될 수 있도록 주식시장을 적극적으로 지원해야 한다(이에 관한 자세한 내용은 5장과 8장을 참조).

④ 국민과 기업을 연결하는 성과주의

이러한 혁신 자본주의를 위해서는 먼저 차이를 인정하고 확고한 성과주의Meritocracy 시스템을 확립할 필요가 있다. 성과주의의 확립은 기업과 국민을 연결하는 핵심적 연결고리이다. 인재들을 발굴하고 이들에게 투자를 하는 것은 차별이 아니다. 위화감을 조성한다는 명분으로 평준화를 지향하는 정책들 이야말로 역차별이며, 국가의 경쟁력을 약화시킨다. 기업가를 발굴할 수 있는 산업적 생태계를 만들고, 기업가가 창출해내는 가치와 새로운 시장이 사회전체에 주는 이익이 하향 평준화를 통해서 얻는 이익보다 훨씬 크다는 것을 명심할 필요가 있다. 투명하고 공개된 경쟁에 입각한 성과주의를 중시한 나라들이 높은 교육 수준을 달성하고, 좋은 정부를 만들었으며, 이를 통해 경제적 번영을 이룩했다. 싱가포르와 북유럽 국가들이 이를 증명한다. 반대로 정경유착 자본주의가 만연한 남유럽 국가들은 경제성장이 지체되거나 한계에 다다랐다. 또한 결과의 평등에 사로잡혀 입학시험을 폐지한 대학들은 그 수준이 하락했다. 민주주의가 아니라 성과주의가 경제성장을 이끈다. 문제는 어떻게 하면 성과주의와 민주주의적 가치를 잘 조화시킬 수 있느냐이다(Woolridge 2021).

그렇다고 해서 혁신 자본주의가 경쟁만을 강조하고, 장애인 같은 사회적 약자를 도외시하는 것은 아니다. 이 책에서는 다루지 않지만 혁신 자본주의가 일구어낸 부를 바탕으로 한 기본소득제도가 도입될 수 있고, 이는 사회적 약자가 최소한의 인간적인 삶을 영위할 수 있는 경제적 여건을 마련해줄 수 있다. 또한 혁신의 산물로서 세계 최고 수준을 자랑하는 로봇의 보급과 자율주행기술의 발전은 조만간 사람을 대신하여 사회적 약자의 일상생활에 큰 도움이 될 것이다. 따라서 혁신 자본주의만이 "국민의, 국민에 의한, 국민을 위한"과 "선택할 자유"라는 대전제에 가장 잘 부합한다.

⑤ 국민(의 선택할 자유)

궁극적으로 국민의 선택할 자유를 극대화 하는 것이 바로 혁신 자본주의이다. 국민이 어디에서 어떤 일을 할 것인지를 스스로 선택할 수 있는 선택지가 획기적으로 늘어난다는 점이 혁신 자본주의의 강점이다. 그러나 위에 열거한 것은 국내에 한정된 혁신 자본주의의 이점에 불과하다. 경제 세계대전은 이미 시작되었고, 승리의 관건은 기업들에 달려있다. 한국의 혁신신생대기업들은 최고수준의 경쟁력을 갖추고 있다. 거기에 혁신 자본주의 시스템을 통해 풍부한 자금과 더

혁신기업이 부자국민을 만든다

높은 기술력을 보유하게 된다면, 한국의 기업들은 세계 시장에 더 싸고Cheaper, 더 빠르고Faster, 더 좋은Better 상품과 서비스를 공급할 수 있게 되고, 연전연승連戰連勝의 역사를 써나가게 된다. 청년과 벤처창업가들의 견문 또한 넓어지고, 이들의 해외진출은 더욱 활발해진다. 78억 인구의 세계 시장에서 얻는 한국 기업들의 수익 증가는 한국 정부의 세수 증가로 이어진다. 이를 바탕으로 정부는 복지는 물론 기업혁신의 마중물이 되는 R&D에 더 많은 돈을 투자할 수 있게 되고, 지속가능한 성장이 가능해진다. 반대로 혁신 자본주의에 최적화된 한국은 매력적인 투자처가 될 수 있다. 따라서 외국기업들이 한국에 들어와 주식시장에 상장되고, 직접투자를 해서 기술혁신과 고용창출에 기여할 수 있다.

따라서 혁신 자본주의는 전설 속에서만 존재하는 화수분을 현실에서 구현하고, 선택할 자유를 최대화할 수 있는 경제의 모범답안이다. 기존 대기업과 더불어 신생 우량기업들이 계속해서 탄생하고 커나가는 혁신 자본주의에서 소비자들은 경쟁을 통해 다양화되고, 향상된 품질의 상품과 서비스를 마음껏 고를 수 있다. 또한 대기업과 신생기업들의 해외진출과 외국기업의 국내 투자는 취업과 이직 시장을 활성화시켜, 직장 선택의 폭이 크게 넓어진다. 무엇보다도 혁신 자본주의에서는 창업에 유리한 환경이 조성되어 남녀노소 및 계층에 상관없이 누구라도 기업가가 될 수 있는 자유를 부여한다. 이처럼 선택할 자유는 혁신 자본주의를 지속시키는 원동력이 된다.

⑥ 대학(원)(과의 연결점)

대학(원)의 역할에 대해서는 이 책의 제8장 "혁신 자본주의의 요

람: 대학"을 참조하라.

⑦ 연기금을 통한 기업가치의 공유

신생기업이 생기게 되니, 신생기업은 고용을 하고, 혁신신생대기업에 연기금을 통해 투자함으로써 노후수익증대를 모색할 수 있다. 이에 관해서 더 자세한 것은 이 책의 제7장 연기금을 참조하라.

⑧ R&D 투자 등

새로운 가치의 창출과 획득은 매우 중요한 것이다. 혁신의 주역은 기업이지만 기업을 뒷받침해주는 정부 또한 중요하다. 정부는 R&D 투자를 통해서 미래의 시장 개척에 필요한 비용을 부담하고, 기업과 개인이 새로운 시장에서 혁신을 일으킬 수 있는 인프라를 구축하고. 투명하며 예측가능하고 공정하게 적용되는 국가 운용시스템을 만들어야 한다.

R&D 투자 확대의 대표적인 예로서, 미국이 혁신을 통한 성장을 위해서 정부의 역할을 확대하는 "주식회사 미국Corporate America"으로의 변신을 들 수 있다. 레이거노믹스Reaganomics로 대변되었던 것처럼 미국은 정부 규제와 증세를 죄악으로 여겼고, 작은 정부를 선호해왔다. 그러나 미국은 현재 직면한 공급망 문제 해결의 답을 큰 정부에서 찾았다. 이는 매우 획기적인 변화라고 할 수 있다. "국민의, 국민에 의한, 국민을 위한"이라는 대전제를 구현할 수 있다면, 큰 정부도 훌륭한 정부로 평가되어야 한다. 다만, 여기서 말하는 큰 정부는 많은 공무원으로 시장을 지휘통제하는 정부가 아니다. 국가시스템의 운영자로서 정부는 투명하고, 예측 가능하며, 공정한 규칙을 설정하고

혁신기업이 부자국민을 만든다

시행하면서 시장세력이 경제 활동을 이끌고, 효율성을 높이며, 혁신을 활발하게 일어날 수 있도록 하는 지원자로서의 역할을 담당한다 (Brooker 2021).

바이든Biden 행정부는 가치 공유Value Sharing 전략을 내세우기 시작하였다. 이는 미국이 민주주의를 공유하는 동맹 중심의 전략을 펴나갈 것을 암시하는 것이다. 미국은 4차 산업혁명의 핵심산업인 AI, 로봇, 바이오 헬스케어, 빅 데이터, 친환경 에너지, 제약 등의 분야를 발전시키고, 이를 동맹국들과 공유해 나갈 것이며, 한국은 이러한 미국의 가치 공유 전략에 적극적으로 편승해 나가야 한다.

Ⅱ. 세계에서 가장 혁신적인 국가 대한민국

다행스럽게도 한국은 혁신의 선두를 달리고 있다. 블룸버그 Bloomberg가 2013년부터 R&D 지출, 제조업 역량, 첨단기업의 집중, 고등교육도, 생산성, R&D에 종사하는 전문가 비율, 특허 활동을 기준으로 평가하는 블룸버그 혁신 지수Bloomberg Innovation Index에서 2014년부터 2019년까지 6년 연속 1위를 차지했다가, 2020년에 독일에 밀려 2위였던 한국이 2021년 1위를 탈환하였다. 특허활동의 증가와 미래를 위한 R&D 투자와 제조업에서 뛰어난 성과가 한국을 1위로 이끌었다. 미국은 11위에 머물렀다(Jamrisko, Lu & Tanzi 2021).

[그림 35] 2021년 세계에서 가장 혁신적인 60개 국가 순위

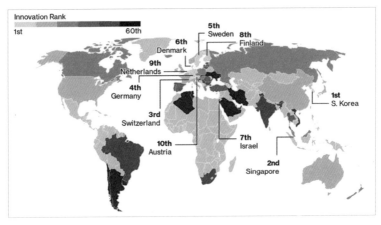

출처: 블룸버그(https://www.bloomberg.com/news/articles/2021-02-03/south-korea-leads-world-in-innovation-u-s-drops-out-of-top-10?fbclid=IwAR0ARNw6wWaMwqb9l1DzAs8GtlSB1LsOLD2y6j3JKjz9Oq7qLWWdQbyeZJE&sref=FHcddoiE)

[표 22] 2021년 블룸버그 혁신 지수

2021 Rank	2020 Rank	YoY Change	Economy	Total Score	R&D Intensity	Manufacturing Value-added	Productivity	High-tech Density	Tertiary Efficiency	Researcher Concentration	Patent Activity
1	2	+1	S. Korea	90.49	2	2	36	4	13	3	1
2	3	+1	Singapore	87.76	17	3	6	18	1	13	4
3	4	+1	Switzerland	87.60	3	5	7	11	15	4	18
4	1	-3	Germany	86.45	7	6	20	3	23	12	14
5	5	0	Sweden	86.39	4	21	12	6	7	7	21
6	8	+2	Denmark	86.12	8	17	3	8	22	2	23
7	6	-1	Israel	85.50	1	30	18	5	34	1	8
8	7	-1	Finland	84.86	11	12	17	13	14	10	10
9	13	+4	Netherlands	84.29	14	26	14	7	25	8	9
10	11	+1	Austria	83.93	6	9	15	23	16	9	15
11	9	-2	U.S.	83.59	9	24	5	1	47	32	2
12	12	0	Japan	82.86	5	7	37	10	36	18	11
13	10	-3	France	81.73	12	39	12	2	26	21	16
14	14	0	Belgium	80.75	10	23	16	15	43	14	13
15	17	+2	Norway	80.70	15	49	4	14	5	11	24
16	15	-1	China	79.56	13	20	45	9	17	39	3
17	16	-1	Ireland	79.41	35	1	2	12	42	17	39
18	18	0	U.K.	77.20	21	44	25	17	4	20	22
19	20	+1	Australia	76.81	20	55	8	16	10	31	7
20	19	-1	Italy	76.73	26	15	28	21	41	25	12
21	22	+1	Canada	75.98	22	35	21	25	37	22	5
22	21	-1	Slovenia	73.64	18	8	27	41	11	16	27

출처: 블룸버그(https://www.bloomberg.com/news/articles/2021-02-03/south-korea-leads-world-in-innovation-u-s-drops-out-of-top-10?fbclid=IwAR0ARNw6wWaMwqb9l1DzAs8GtlSB1LsOLD2y6j3JKjz9Oq7qLWWdQbyeZJE&sref=FHcddoiE)

혁신기업이 부자국민을 만든다

블룸버그의 기사는 상당히 고무적이지만, 한국 대외경제정책연구원, 중국 칭화대, 일본 미쓰비시 종합연구소 등 각국 기관과의 리서치를 통해 국제경영개발연구원International Institute for Management Development, IMD이 발표한 2021년 국가경쟁력 연감에서 한국은 OECD 국가와 신흥국 총 64개국 중 23위를 차지하였다. 이는 작년과 같은 순위로서 역대 최고 순위는 2011년부터 2013년까지 기록했던 22위였다. IMD는 1989년부터 매년 경제성과, 정부 효율성, 기업 효율성, 인프라 분야의 국가경쟁력을 평가하는데 코로나 19 상황 속에서도 한국의 경제성과 분야가 지난해 27위에서 18위로 9계단이나 상승한 점은 주목할만하다. 또한 기업 효율성에서도 작년 28위에서 27위로 상승하였다. 그러나 문제는 "정부 효율성"과 "인프라"이다. 조세정책, 제도 여건, 기업 여건, 사회 여건을 포괄하는 정부 효율성 분야 순위는 지난해 28위에서 34위로, 인프라는 작년 16위에서 올해 17위로 하락하였다. 세부적으로 기술 인프라와 교육 분야의 순위가 하락하였다(기획재정부 2021). 이를 종합해봤을 때 정부의 역량이 기업의 혁신을 위한 노력을 뒷받침하지 못하고 있는 형국이다. 지속적인 혁신과 국가경쟁력을 제고를 위해서 효율적인 정부 역할이 요구된다고 볼 수 있다.

혁신 자본주의를 위한
패러다임의 전환

제3부
혁신 자본주의를 위한 패러다임의 전환

6장 : 주식 투자

Ⅰ. 은행의 시대 (1609—1989)

저명한 경제역사학자인 니얼 퍼거슨Niall Ferguson은 잉글랜드가 해가 지지 않는 대영제국으로 발돋움 하는데 큰 역할을 한 것으로 금융을 강조한다. 잉글랜드의 금융발전에 가장 큰 영향을 미친 것은 16세기 말부터 자본주의의 최첨단에 서 있던 네덜란드였다. 1602년, 네덜란드는 시민들부터 자본을 조달하고, 시민들의 투자액에 따라서 이윤을 분배하는 최초의 주식회사 동인도회사를 세웠다. 네덜란드는 또한 오늘날의 중앙은행과 같은 암스테르담 은행을 1609년에 설립했고, 공채를 발행하는 암스테르담 은행을 통해 정부, 기업, 시민들에게 낮은 이자율로 돈을 빌려 줄 수 있었다. 그것은 정부가 전쟁을 더욱 효율적으로 수행할 수 있게 되었다는 것을 의미하는 것이었다. 그 결과 해상무역경쟁에서 네덜란드는 인구가 2배반이나 많고, 경제규모가 더 큰 잉글랜드를 제압할 수 있었고, 네덜란드의 동인도회사와 서인도회사는 잉글랜드 동인도회사와의 살인적인 무역 경쟁에서 승리할 수 있었다. 반대로 낙후된 금융 시스템에 의존했던 잉글랜드는 파산직전에 몰렸다. 잉글랜드의 찰스 2세는 1671년 특정 정부부채에 대한 지불유예를 선언해야만 하였다. 1660년과 1683년 사이에 찰스 2세는 동인도 회사에서 32만 4,150파운드의 "자발적인 기부금"을 받았다. 결국 1688년, 잉글랜드 상인과 의회가 주도한 명예혁명Glorious Revolution은 잉글랜드와 네덜란드의 정치적 합병으로 귀결되었다.

[그림 36] 군대를 이끌고 잉글랜드에 상륙한 네덜란드 오라녜 공 빌럼
(명예혁명 후 잉글랜드의 윌리엄 3세)

이 시기 잉글랜드는 네덜란드의 금융제도를 모방하여 1694년 잉글랜드 은행을 세우고, 국채 제도를 도입하였다. 결과적으로 네덜란드와의 합병은 잉글랜드를 더욱 부강하게 만들었다. 18세기, 잉글랜드는 아시아 무역에서 네덜란드를 추월하였다. 네덜란드가 그랬던 것처럼 낮은 이자율의 국채판매를 통해서 전비를 조달하는 영국의 재정능력은 강력한 해군의 기반이 되었고, 영국보다 경제규모가 2배나 크고 인구가 3배나 많은 프랑스를 격파하고 인도를 차지하는 원동력이 되었다(Ferguson 2014, 14-30). 인구와 경제규모가 아니라 국가가 보증하는 은행이 세계의 패권을 만들어내는 시대가 도래한 것이었다.

[표 23] 은행시스템이 바꾼 유럽의 패권 연표

연도	사건
1600년	잉글랜드, 동인도 회사 설립
1602년	네덜란드, 최초의 주식회사인 동인도 회사 설립
1609년	네덜란드, 암스테르담 은행 설립
1688년	네덜란드에 의한 잉글랜드 합병
1694년	잉글랜드, 암스테르담 은행을 모방한 잉글랜드 은행 설립
1707년	잉글랜드와 스코틀랜드 합병으로 영국 탄생
1757년	영국 동인도 회사, 플라시에서 프랑스 동인도 회사를 격파하고 인도 지배의 발판 마련

주(註): Ferguson (2003) 참조

II. 금융 패러다임의 전환: 주식시장의 시대 (1990년—현재)

패권이 대서양을 건너 미국으로 넘어간 이후에도 은행 대출과 채권 발행을 통해 기업이 성장하고, 기업의 성장을 통해서 국가 경제가 발전하는 것은 불변의 공식처럼 보였다. 특히 1977년부터 1980년대 말까지 마이클 밀켄Michael Milken이 정크 본드Junk Bond 시장에 뛰어들어 레버리지 바이아웃Leverage Buyout, 즉 인수할 기업의 자산을 담보로 자금을 빌려 기업을 인수하고, 기업가치를 올린 후에 다시 매각하여 거대 차익을 남기는 기법으로 대성공을 거둘 때까지는 그러하였다. 그러나 1990년 밀켄이 범죄혐의로 월 스트리트에서 추방된 이후 부채 중심의 자본주의는 종말을 고했고, 미국은 은행 대출 중심에서 뮤추얼펀드현재 ETF 포함 주식 투자 중심으로 금융의 패러다임을 전환하였다. 밀켄의 옛 동료들은 부채중심주의로는 회사가 원하는 경쟁력을 가질 수 없기 때문에, 이자부담이 최소화되는 자본중심투자로 전환을 이루어야 한다는 것을 깨달았다. 과거의 생각은 회사를 싸게 인수한 뒤 레버리지를 일으켜 종업원 중심으로 회사를 운영하면 된다는 것이었지만, 이는 자본중심으로 무장된 회사를 이길 수는 없었다. 이 때문에 밀켄의 옛 동료들은 자본중심의 투자를 시작하였고, 이는 1990년대 주식시장이 지속적인 우상향을 하게 되는 원동력이 되었다. 거대자금의 투자와 함께 기업투자 형태가 주식 투자로 바뀌되자 이자 부담으로부터 자유로워진 기업들의 기업경쟁력과 수익성은 제고되었고, 이들은 혁신적인 미래산업인 IT, 바이오, 전기차 등의 분야에서 새로운 대기업으로 성장하였다.

2021년 7월 31일 블룸버그 사설은 주식이 안정적이며, 앞으로도 계속 상승할 것임을 예상하였다. 아래의 그래프와 같이 은행과 채

혁신기업이 부자국민을 만든다

권에 의존하는 부채 중심 자본주의 시기인 1881년부터 1989년까지 미국 주식시장의 주가이익비율Price/Earning Ratio, PER은 등락을 반복했고, 평균 PER 14.6로서 상당 기간 장기 평균가치Long-term Average Valuation 아래에 위치해 있었다.

[그림 37] 미국 주식시장에서 역사적인 PER 변화 그래프 (1881─1989, 108년간)

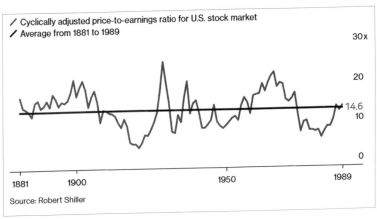

주(註): 파란선-미국 주식시장에서 PER 변화, 검은선-1881년부터 1989년까지 평균 PER
출처: Robert Shiller, Bloomberg에서 재인용(https://www.bloomberg.com/opinion/articles/2021-07-30/stocks-are-overpriced-but-they-might-also-stay-that-way)

그러나 1990년 미국의 금융 시스템이 자본적 투자 중심으로 발전된 이후의 주식시장은 상당히 안정적이다. 1881년 이후 장기 평균가치 밑으로 크게 하락한 적은 2008년 글로벌 금융위기 때 한 번 있었고, 그것도 잠시에 불과하였다. 이는 향후 일시적인 폭락은 있을 수 있지만 주식시장이 상승세를 이어갈 것임을 보여준다(Gongloff 2021).

[그림 38] 미국 주식시장에서 최근 30년간의 PER 변화 그래프

주(註): 파란선-미국 주식시장에서 PER 변화, 검은선-1881년부터 2021년까지 평균 PER
출처: Robert Shiller, Bloomberg에서 재인용(https://www.bloomberg.com/opinion/
articles/2021-07-30/stocks-are-overpriced-but-they-might-also-stay-that-way)

1990년 이후 기업을 지원하는 금융구조가 회사채, 담보, 신용대출 등 부채 중심Loan-Oriented에서 자본 중심Equity-Oriented으로의 패러다임의 전환을 이루었다. 이는 금융의 기본개념을 위험관리를 통한 "생존"에서 경제활성화를 통한 "성장"으로 바꾸어 놓았다.

글로벌 시장은 기업과 기업 간의 총성 없는 전쟁터이다. 주식시장 중심의 자본 투자는 기업가로 하여금 은행의 눈치를 보지 않고 창의적인 아이디어를 내고, 책임감을 가지고 그 아이디어를 사업으로 구현할 수 있도록 만든다. 이는 혁신의 촉매제라고 할 수 있다. 그리고 주식은 대출과 달리 이자 부담이 없다. 따라서 기업의 당기 순이익을 높이는 결과를 가져올 수 있다. 주식시장 중심의 금융 시스템 하에 훌륭한 기업가들이 기업 활동에 참여하면, 그들의 기업은 더욱 빨리 혁신하여 성장하고, 수익성이 향상되며, 지속 가능한 경쟁력을 가진 회사가 될 수 있다.

혁신기업이 부자국민을 만든다

한국의 2004년 1월부터 2021년 7월까지 코스피 PER는 미국의 1881년부터 1989년의 추세와 비슷하다. 이 그래프를 통해서 아직 한국의 금융시스템은 주식시장 중심으로 전환하지 않은 것이라고 평가를 할 수 있을 것이다. 1881년부터 2021년까지 미국의 평균 PER인 17.2를 기준으로 보면 코스피는 등락을 반복하고 있는 것을 알 수 있다.

[그림 39] 한국 주식시장의 최근 17년간 평균 PER 변화 그래프 (2004—2021)

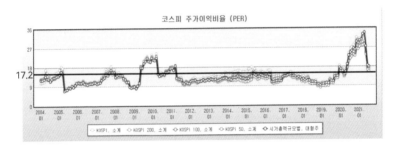

주(註): 검은선-19900년부터 2021년까지 평균 PER
출처: 통계청(https://kosis.kr/statHtml/statHtml.do?orgId=343&tblId=DT_343_2010_S0033)

III. 일본: 관치금융의 폐해

미국이 주식중심의 금융시스템 국가라고 한다면, 일본은 아직도 전형적인 정부주도의 은행중심형 국가이다. 일본의 저금리 정책은 1980년대 부동산과 주식시장의 버블을 만들었다. 이에 대한 일본의 처방은 금리인상이었다. 중앙은행의 재할인율 인상은 대출을 통해 부동산과 주식에 투자했던 사람들의 연이은 자산 매각과 함께 버블 붕괴로 이어졌다. 은행들은 부실채권으로 인해 도산하거나 큰 피해를 입었고, 절반 가량의 증권사들이 사라졌다(권형우 2018). 다시 일본경제를 일으키기 위해서 중앙은행은 금리인하를 단행하였다. 재할인율이 1995년 0.5%대로 내려갔고, 2000년에는 제로금리가 되었다 (김현민 2020). 그러나 일본은 여전히 불황의 늪에서 헤어나오지 못한 채 "잃어버린 30년"을 맞이하고 있다.

[그림 40] 일본 연평균 GDP 성장률, 1995—2019 (단위:%)

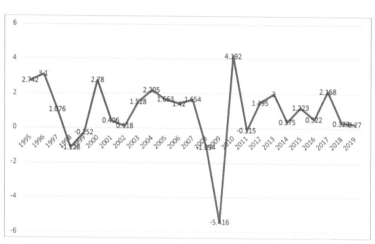

출처: World Bank(https://data.worldbank.org/indicator/NY.GDP.MKTP.KD.ZG?end=2020&locations=JP&start=1995)

미국과 대조적으로 일본 정부는 주식시장으로의 패러다임 전환에 실패하였다. 일본 기업은 아직도 제로금리 은행 대출에 의존하고 있다. 이러한 대출 위주의 금융 시스템 하에서 은행은 아직도 정경유착의 굴레로부터 자유롭지 못하다. 신제품 개발 투자를 위한 대출을 받는데 수개월이 걸리는 현실에서, 자연히 일본기업은 혁신과는 멀어지

혁신기업이 부자국민을 만든다

게 되었다. 버블경제 붕괴 이후 은행의 부실대출 문제와 정치권의 압력에 맞서 싸우는 은행원의 이야기를 다룬 드라마 〈한자와 나오키半沢直樹〉가 일본에서 대히트를 쳤던 것도 금융계의 비효율적이며 부조리한 현실을 꼬집었기 때문이었다. 노무라 증권은 일본은행의 자국기업 주식 보유액을 46조 5,600억엔(약 493조 9천억원)으로 추정했다(서영태 2021). 사실상 정부가 민간기업을 소유하고 있는 것이나 다름없다. 이러한 정부의 기업지배구조 하에서, 현실에 안주하는 성향의 비효율적인 관료들은 일본 기업의 혁신을 저해하고 성장을 가로막는 요인이 되고 있다.

[그림 41] 일본 은행의 부실과 정치권의 압력을 다룬 드라마
〈한자와 나오키半沢直樹〉 주인공

출처: TBS 〈한자와 나오키半沢直樹〉 (https://www.tbscontents.com/en/program/naokihanzawa_2020)

Ⅳ. 독일: 저축에서 주식 투자로의 늦은 전환

많은 사람들이 한국의 롤 모델로 삼고 있는 독일의 변화에 주목할 필요가 있다. 독일의 기독교민주연합의 정치인 중에 프리드리히 메르츠Friedrich Merz가 있다. 그는 세계 최대 자산운용사인 블랙록BlackRock의 독일법인장을 역임한 금융계의 전문가이다. 그는 독일국민의 6명중 1명만이 주식을 보유하고 있고, 대부분이 수익이 나지 않는 은행계좌에 돈을 예치하고 있다는 점을 비판하면서 앞으로 주식시장에 투자해야 한다고 주장하였다(Bryant 2019).

독일은 일본과 마찬가지로 은행중심형 국가이다. 그러나 은행보다 선호가 낮았던 주식시장이 최근 젊은 층의 주도로 변화의 조짐을 보이고 있다. 독일 주식협회에 따르면, 2020년 주식 투자 인구가 전년도에 비해 28% 증가한 것으로 나타났다. 그 중에서도 14세에서 30세까지 젊은 층의 주식 투자 인구가 전년도에 비해 67% 늘어난 점이 눈에 띈다. 독일은 부동산 가격이 높고, 은행 금리가 낮다는 점에서 주식시장이 현실적인 투자처로 떠오른 것은 어찌 보면 자연스러운 현상이다. 특히 유튜브를 통한 주식시장 정보의 제공과 온라인 주식거래 플랫폼의 확산은 젊은이들로 하여금 주식시장에 접근을 쉽게 만들었다. 독일의 젊은 세대는 자신의 가치관에 부합하는 기업에 적극적인 직접투자와 포트폴리오의 다양화를 통해 위험을 효과적으로 분산하고 있다(김인건 2021). 이러한 젊은 층의 주식 투자 붐은 제조업의 위상에 걸맞지 않게 상대적으로 잠잠했던 독일의 주식시장을 깨우고 있고, 전체 경제에도 새로운 바람을 일으키고 있다.

혁신기업이 부자국민을 만든다

V. 코리아 디스카운트: 삼성전자와 애플의 기업가치 비교

예전에는 북한 핵문제와 재벌기업의 불투명한 지배구조 문제 때문에 한국주식이 제대로 된 평가를 받지 못한다고 하였다. 그러나 2021년 현재 코리아 디스카운트의 가장 큰 원인은 한국경제가 주식시장 중심으로 금융시스템이 작동하지 않기 때문이다.

한국은 1960년대 이후 내수시장보다는 해외시장을 겨냥하여, 제조업 중심 수출 기업들에 대한 전방위적 지원을 통해서 급성장을 하였다. 그 결과, 현재 세계적 수준의 한국 기업들이 경제를 이끌어 나가고 있다. 이러한 제조업 기반의 기업들은 엔지니어링 기술, 제조 능력, 기획 능력, 마케팅 능력 등 모든 분야에서 세계적인 경쟁력을 확보하였다.

한국 굴지의 1위 기업인 삼성전자의 경우 2018년 세계 스마트폰 판매량 1위를 기록하였으며, 2021년 2/4분기에는 전 세계 반도체 매출 1위 자리를 인텔Intel로부터 재탈환하였다. 2021년 영국의 브랜드 가치평가 전문업체는 삼성의 브랜드 파워를 1,000조원 이상으로 책정하기도 하였다.

여기서 의문점이 발생한다. 전 세계에서 가장 큰 산업 중 하나인 반도체 산업의 1위 기업이고, 매년 휴대폰 등 전자제품 세계 판매 Top 3이며, 애플보다 더욱 혁신적인 삼성전자가 왜 동종산업에서 기업가치로는 1, 2위가 아닌가? 삼성전자의 경쟁사로 항상 언급되는 기업은 미국의 애플이다. 2021년 2분기 삼성전자의 누적매출/이자, 세금, 감가상각비, 무형자산상각비 차감 전 이익Earnings Before Interest, Taxes, Depreciation and Amortization, EBITDA/영업이익/순이익은 각 129.1조원/36.3조원/21.9조원/16.8조원이다. 애플은 각 $1,710억 달

러(약 200조원)/573억 달러(약 66조원)/516억 달러(약 60조원)/454
억 달러(약 53조원)이다. PER는 삼성전자가 16.19배, 애플이 29.72배
이다. EBITDA 기준으로 양사의 차이는 2배 이상 나지 않는 반면, 이
들의 기업가치는 삼성전자 약 500조원, 애플 약 2,700조원으로 5배
이상 차이나고 있다. 즉, 애플의 기업가치가 너무 높거나, 삼성의 기업
가치가 너무 낮은 것이다. 그 이유 중 하나로는 제조업 중심인 삼성의
감가상각비용이 크기 때문에 PER에서 손해가 발생하는 것을 들 수
있다.

[표 24] 삼성전자와 애플의 재무실적과 기업가치

	삼성전자	애플
기업가치	약 500조원	약 2700조원
매출액	129.1조원	200조원
EBITDA	36.3조원	66조원
영업이익	21.9조원	60조원
순이익	16.8조원	53조원
PER	16.19배	29.72배

그렇다면 삼성전자가 애플과의 경쟁에서 뒤쳐진 것인가? 그렇지는
않다. 현재 애플은 브랜드 충성도가 높으며, 신제품들의 성공, 자신들
의 제품 플랫폼 내에서 제공하는 서비스가 성장하여 여전히 기업가
치가 상승 중이다. 하지만 시장을 장기적으로 바라본다면, 기술개발,
제조 등 전 분야에서 혁신역량을 축적한 삼성이 향후 기업성장 및 가
치평가에서 크게 유리할 수 있다. 애플은 폭스콘대만의 제조사로 애플의

최대 제조 협력사에 생산 외주를 주기 때문에 비용, 리스크 부담이 적어서 당장은 순이익이 더 커 보이는 것이다.

이렇듯 한국의 제조업기반 기업들이 저평가 되어있는 이유, 일명 코리안 디스카운트의 이유는 무엇일까? 이는 한국이 주식시장 중심으로 패러다임의 전환을 이루지 못 했기 때문이다. 한국에서 주식 투자는 위험자산에 투자, 투기, 불로소득, 부도덕한 이익 등이라는 잘못된 인식이 있다. 2021년초 최초로 가계 금융자산의 주식 비중이 20%를 겨우 넘은 한국과, 평균 41%를 기록한 미국과는 크게 대비된다(공태인 2021). 실제로 주식 투자는 투기나 부도덕한 불로소득이 아니며, 투자자들에게 큰 이익을 제공하고, 투자 받은 기업 혁신을 통해서 지속적으로 성장할 수 있게 만든다. 따라서 정부는 국민들로 하여금 적극적으로 주식 투자를 할 수 있도록 하고, 주식 투자는 투기가 아니며, 자본이익이 불로소득이 아니라는 인식을 확실하게 심어 주어야 한다.

7장: 연기금

Ⅰ. 현행 국민연금의 문제점

혁신 자본주의에서 국내 연기금은 매우 중요한 주제이다. 국내 연기금에서 대표적인 것은 국민연금이다. 한국인은 누구나 국민연금에 가입해야 하는데, 국민연금은 과연 누구의 돈인가? 바로 국민의 돈이다. 그런데 지금의 정부는 이것을 자신의 돈으로 생각하고 있다. 정부가 국민연금을 자신의 돈으로 착각하는 이유는 국민연금이 처음 생길 때 기금의 상당부분을 정부에서 지원하였기 때문인 것으로 보인다. 이러한 점에서 국민연금을 정부의 돈이라고 생각하는 것도 어느 정도 일리가 있기는 하다. 그러나 현실에 안주하는 공무원 집합체인 정부가 국민연금을 운용·관리하는 시스템은 자본주의 체제 하에서 실패하였다. 이 때문에 미국과 유럽도 연금개혁을 단행하였다. 정부 발표에 따르면, 저출산과 고령화에 따라 국민연금 가입자는 2018년 최고점을 찍은 후 감소하는 반면, 국민연금 수급자는 증가함에 따라 국민연금은 2042년부터 적자로 돌아선 뒤 2057년에 이르면 기금이 완전 소멸하게 된다. 1988년 국민연금이 시작될 당시의 보험료율은 3%, 소득대체율은 70%이었다. 그리고 5년마다 보험료율을 3%씩 늘려 15%가 되는 것을 목표로 하였으나 1998년 9%까지만 인상된 후 현재까지 이어지고 있다. 소득대체율은 매년 0.5%씩 인하하는 방향으로 전환하여 2028년 소득대체율은 40%로 떨어지게 되어 있다. 현재 국민연금 평균 수급액은 월 평균 최소생활비에 크게 못 미치는 실정이며, 보험료율 인상은 노사 간 갈등과 세대 간 형평성 문제로 인하

혁신기업이 부자국민을 만든다

여 마땅한 해결책을 찾지 못하고 있다(KBS뉴스 2020).

　기획재정부는 4대 공적연금(국민연금, 공무원연금, 군인연금, 사학연금) 중에서 이미 고갈된 공무원연금과 군인연금의 적자를 메우기 위해서 2022년 8조 7,106억원의 정부 재정을 투입하기로 하였다(강진규 2021). 만약 국민연금도 고갈된다면 적자를 메우기 위해서 국고가 투입될 수밖에 없고, 이는 국가의 재정건전성을 해치게 될 것이다. 따라서 사회적 합의가 어려운 보험료율과 소득대체율에 관한 논쟁에서 벗어나, 국민연금의 수익률을 획기적으로 올릴 수 있는 방안을 마련하는 것이 가장 현실적이고 합리적인 대책이라고 할 수 있다.

Ⅱ. 국민연금의 운용실태

　수익률면에서 2020년 국민연금은 9.58%의 금융부분 기금운용 수익률을 기록하였고, 포트폴리오를 분석해 보면 국내주식 34.66%, 해외주식 10.22%, 국내채권 1.71%, 해외채권 0.19%의 기금운용 수익률을 기록하였다. 국민연금의 2018년부터 2020년까지 3년간 연평균 수익률은 6.54%였다(보건복지부 2021). 특히 지난해 국내주식의 상승장에 따른 국내주식의 수익률은 괄목할 만하다. 2020년만의 수익률을 놓고 본다면 국민연금의 국내주식 비중을 늘리는 것이 당연히 바람직하다고 볼 수 있다. 2021년 4월 9일 기금운용위원회는 현재 전략적 자산 배분Strategic Asset Allocation, SAA에 따른 국민연금의 국내 주식 비중 허용 범위는 목표치(16.8%)의 ±2%에서 ±3%으로 1% 높이기로 했다. 따라서 국민연금의 국내 주식 허용 한도는 목표치(16.8%)의 ±2%인 14.8−18.8%에서 1% 높인 13.8−19.8%로 늘어난다(이경은 2021). 국민연금기금운용본부에 따르면, 국민연금은 그 규모가 2021

년 5월말 현재 약 892조원에 달하며, 이는 한국의 1년 예산보다도 많은 규모이다(국민연금기금운용본부 2021).

[그림 42] 국민연금 운용 계획과 새로운 제안

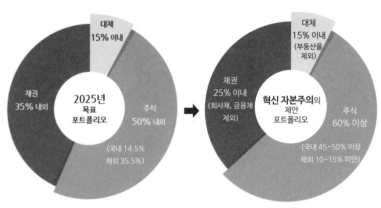

(좌)출처: 국민연금기금운용본부(https://fund.nps.or.kr/jsppage/fund/mpc/mpc_03.jsp)
*혁신 자본주의의 제안 포트폴리오에서 대체투자는 사모펀드, 벤처 캐피탈, 헤지펀드 등을 포괄한다.

　성공적인 연금운용 사례로서 미국 캘리포니아주 공무원연금 캘퍼스CalPERS의 경우 2020년 상반기 전체 자산 중 주식 비중이 60%에 달했다(설지연 2020). 위의 2025년 국민연금의 목표 포트폴리오는 주식 비중을 50% 내외로 설정하고 있다. 국민연금도 캘퍼스처럼 주식의 비중, 그 중에서도 국내 주식비중을 더 높이는 것을 고려해야 한다. 그러나 국민연금은 국내 주식 투자 비중을 맞추기 위해서 2021년 2분기에만 국내 주식 투자의 비중을 낮추기 위해 삼성전자, 네이버, SK하이닉스를 비롯한 국내 주식 3조 1,487억원을 매도하고, 미국 주식 8억 4,834만 달러(9,970억 6,078만원)을 매입했다(김정은 2021).

게다가 국민연금기금운용위원회는 2022년부터 2026년까지 향후 5
년 간 수익률 5.1%를 목표로 국내 주식 투자 비중을 종전 15.0%에서
14.5%로 축소하고, 대신 해외 주식 투자 비중을 올해 35%에서 35.5%
로 늘리기로 하였다(노자운 2021). 국민연금을 운용하는 정부만 문제
가 있는 것이 아니라, 책에서는 최근 관심을 끌고 있는 학계의 주장도
문제가 있다고 생각한다. 〈혁신의 시작〉이라는 저서에서는 국민의
금융소득과 국가의 금융자산 증대를 위해 해외 고수익·고위험 투자
처에 장기 투자를 장려하고, 이에 대한 과세를 완화하여 서학 개미를
육성하며, 해외 투자를 통해 얻게 될 높은 수익률로 연기금을 평가하
자고 주장한다(김소영 2021, 32-33). 이는 국내 주식시장을 통해서
혁신신생대기업을 더 많이 육성하자는 이 책의 주장과 정면으로 배치
된다. 혁신적인 신생기업이 많이 만들어지고, 이들이 혁신신생대기업
으로 수월하게 대기업화 되어야 국가경제에 실질적으로 큰 도움이 될
수 있다. 기존의 창업투자사 등을 통한 벤처투자는 혁신신생대기업
을 만들어 내는데 집중적인 자본의 투자를 이끌어 내는데 불충분한
면이 많았다. 따라서 지금까지 충분한 자금력을 형성한 연기금을 적
극적으로 활용하여, 혁신기업이 혁신신생대기업으로 올라서는데 필
요한 선제적 R&D와 집중적인 자본의 투자를 가능하도록 국내주식에
투자함으로써 국내기업을 혁신기업화 하는 것이 바람직하다. 이러한
관점에서 〈혁신의 시작〉은 혁신의 주체가 빠져 있어서 무엇을 어떻
게 혁신해야 한다는 방안이 없고, 근시안적으로 수익률을 높이자는
주장의 반복에 불과한 것으로 보인다.

Ⅲ. 동학개미운동과 국민연금 등의 개혁방안

① 동학개미운동

일찍이 주식에 눈을 뜬 미국인들은 임금 외에 주식 등의 자산으로 부터 창출하는 부가 개인 소득의 5분의 1을 차지한다(Mawad 2021). 눈여겨볼 점은 주식에 대한 한국인들의 생각도 바뀌고 있다는 점이다. 최근 외국인의 국내주식 대량 매도에 맞서서 개인투자자들이 국내 주식을 사들이는 이른바 동학개미운동은 일시적인 주식 투자 열풍이 아니다. 이는 위험을 감수하고서라도 높은 수익률을 얻기를 원하는 주식 투자에 대한 국민들의 변화된 인식을 보여주는 것이다.

국민연금은 타 연기금과 함께 주식 투자의 비중을 높여서 국내 주식시장에 상장된 혁신기업의 매출 증가, 수익성 향상에 일조할 필요가 있다. 또한 연기금들은 하방 변동성을 낮추어 동학개미들이 장기적으로 더욱 안전하고 글로벌 기준으로 적정 수익을 낼 수 있도록 국내 주식시장에 자금 공급을 확대해야 한다. 국민연금은 국내 주식시장의 큰 손으로서 "연못 속 고래"라는 비아냥을 듣고 있다. 국민연금은 작은 국내 주식시장이 아닌 그 규모에 맞게 해외주식 시장과 채권에 투자해야 한다는 주장이 있다. 이는 중장기적으로 연금 지급을 위해 국내 주식을 매도할 수밖에 없고, 이는 국내 증시의 안정을 해칠 수 있다는 점에 근거한다. 그러나 역발상으로서 연못을 바다로 만들어서 고래가 헤엄치게 할 수는 없을까?

현재 자동차산업 분야의 현대차, 기아차; 반도체 산업 분야의 삼성전자, SK하이닉스, 동진쎄미켐; 리튬 배터리 산업 분야의 LG에너지솔루션, SK이노베이션, 삼성SDI, 에코프로비엠, 엘앤에프, 포스코케미칼 등 많은 글로벌 TOP 국내회사들이 미국, 유럽, 인도, 중국, 동남 아시아 국가들로부터 합작투자를 제안받고 있고, 현지 자체 공장을 설립하여 운영 중이다. 또한 크래프톤, 펄어비스 등과 같은 K-게임 기업들은 전 세계로 서비스를 제공하고 있고, 하이브의 BTS로 대표되는 K-팝과 오징어게임 등 K-드라마는 전 세계 고객들로부터 최고의 평가를 받고 있다. 이처럼 한국의 많은 혁신기업들이 연못이 아닌 외국의 바다에서 헤엄치고 있는데, 하루 빨리 한국의 연못을 바다로 만들기만 한다면 멋진 헤엄 실력을 뽐낼 수 있을 것이다.

미국의 주가지수인 Dow Jones, S&P 500, Russell 2000, Russell 3000 및 Nasdaq Composite Index 와 FHFA, 케이스-쉴러 주택지수를 살펴보면 지난 30년 동안 주가 지수와 부동산 지수 모두 상승세를 기록하고 있지만, 시간이 지날 수록 양 지수 간의 격차가 벌어지는 것을 알 수 있다. 주식이 위험하다는 사람들이 가지고 있는 편견과 달리 주식은 안정적으로 우상향하며, 부동산보다 수익률이 높다.

[표 25] 주요 지수 과거 기간별 연평균 수익률(2021년 6월 30일 기준, 단위:%)

국가	지수명	1년	5년	10년	20년	30년
미국	다우 존스 산업평균지수	33.7%	14.0%	10.8%	6.1%	8.6%
	S&P 500	38.6%	15.4%	12.5%	6.5%	8.5%
	Russell 2000	60.3%	14.9%	10.8%	7.8%	9.1%
	Russell 3000	42.1%	15.8%	12.5%	6.9%	8.8%
	Nasdaq Composite Index	44.2%	24.5%	18.0%	10.0%	12.1%

	FHFA 미국주택지수	13.3%	6.5%	5.8%	4.0%	4.0%
	케이스-쉴러 미국주택지수	6.2%	5.3%	4.6%	3.3%	3.6%
한국	코스피 지수	56.4%	10.8%	4.6%	8.9%	5.8%
	코스피 50 지수	56.0%	14.5%	5.7%	9.1%	데이터 없음
	코스피 100 지수	54.0%	12.8%	4.9%	9.4%	데이터 없음
	코스닥 지수	39.6%	8.8%	7.9%	1.5%	데이터 없음

주(註): 연평균 수익률은 해당기간 월간 상승률 시계열에 기반하여 산정

출처: Bloomberg

　한국의 상황은 어떠한가? 위의 표에서 보는 바와 같이 코스피의 연평균 수익률은 계속 안정적으로 상승하고 있고, 지난 1년 간은 미국의 다우 존스 산업평균지수와 S&P 500의 연평균 수익률을 크게 상회하였다.

[그림 43] 한국의 연평균 주택매매가격 변동율(2003—2021년)

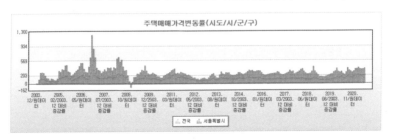

출처: 통계청(https://kosis.kr/statHtml/statHtml.do?orgId=101&tblId=DT_1YL1701&conn_path=I3)

혁신기업이 부자국민을 만든다

2003년 12월부터 2021년 6월까지 17년 6개월 간 한국의 주택매매가 기준 연평균 수익률은 전국적으로 연 5.65%, 서울은 연 3.89%였다(통계청 2021). 지난 20년간 코스피와 비교했을 때 코스피의 수익률이 연 8.9%로 위 언급한 부동산 주택 수익률 5.65% 보다 높았으며, 지난 30년간의 한국의 주식 수익률과 부동산 수익률 간의 격차보다 미국의 주식 수익률과 부동산 수익률간 격차가 더 작게 나타났다. 이러한 통계자료는 국민연금의 미래 수익률을 높이기 위해서는 앞으로 국내 주식에 투자해야 한다는 것을 확실하게 보여준다.

한국은 이미 삼성전자, LG에너지솔루션, LG화학, SK하이닉스, 현대·기아차, 포스코, 카카오, 네이버, NC소프트, 크래프톤, 삼성바이오로직스, 셀트리온과 같은 혁신신생대기업을 포함한 세계적인 기업들을 보유하고 있다. 국민연금의 장기적인 국내 주식시장 투자는 기존의 기업 대출, 회사채 발행등 부채에 의존해왔던 국내 기업들의 경쟁력 제고 및 주식시장의 발전과 같은 긍정적 효과를 낼 수 있다. 또한 풍부한 자금유입은 숙련된 고급기술을 기반으로 하는 스타트업에 활력을 불어넣을 수 있다. 국민연금이 해외주식 투자로 수익을 낸다고 하여도, 그 본질은 국민의 돈으로 국내기업의 경쟁상대인 해외기업을 도와주는 꼴이되고 만다. 따라서 이 책은 다음과 같은 안을 제시한다. 국민연금이 국내외 주식 비중을 60% 포인트 이상까지 대폭 확대할 것, 전체 주식 투자 중 국내 주식비중을 45−50% 포인트 이상으로 늘릴 것, 해외 주식비중을 10−15% 포인트 미만으로 줄일 것을 주장한다.

② 국민연금은 국민의 것

국민연금은 국민을 위한 돈이기 때문에, 국민이 국민연금을 어떻게 운용할 것인지를 스스로 선택할 수 있도록 되어야만 한다. 정치적 압력으로부터 자유롭지 못하고 무사안일주의에 빠지기 쉬운 국민연금 기금운용위원회는 기금의 직접적인 운용을 최소화 한다. 이 책이 제안하는 하나의 방안은 국민연금공단이 국민 개개인에게 금융기관이 운용하는 200–300개의 포트폴리오가 다양하게 구성되어 지수Index화 된 주식형 펀드를 추천하고, 각 개인은 퇴직연금이나 개인연금을 활용하여 국민연금이 추천한 지수화된 펀드 중 원하는 것을 선택하면, 국민연금에 이미 납부한 지분에 비례하여 개인이 선택한 펀드에 자동으로 연동되어 투자되도록 하는 것이다. 매일 각 펀드의 실적을 공시하여 이를 기준으로 국민들은 매주, 매달, 매년 자신의 포트폴리오를 검토하고, 조정할 수 있게 된다.

③ 국민의 선택에 의한 연금의 투자

예를 들어서 A라는 사람이 월 10만원의 퇴직연금(또는 개인연금)을 납입하고, 월 9만원의 국민연금을 납입한다고 하자. 그리고 국민연금이 일수익, 월수익, 3개월 수익, 연수익, 5년 수익, 10년 수익 … 등 구체적인 수익률을 제시하는 주식형 펀드가 a, b, c, d, e, … 로 200–300개가 있다고 하자. 국민연금이 이러한 수익률을 제시하는 주체가 되어야 하는 이유는, 그래야만 투자의 공정성을 확보할 수 있기 때문이다. 국민연금공단은 기금운용의 주체에서 평가의 주체로 주어진 기능이 바뀌는 것이다. A는 제시된 수익률에 기초한 스스로의 선택으로 10만원의 퇴직연금(또는 개인연금) 중 6만원은 a펀드에 4만원은 b

펀드에 지정을 하여 자유롭게 납입할 수 있도록 한다. 이 때 국민연금에 납입되는 월 9만원도 a펀드에 3만 6천원, b펀드에 5만 4천원으로 자동으로 연동되어 투자된다.

④ 국민연금의 지속가능성 확보

만일 국민연금의 892조가 국내주식에 투자되어 미국의 Russell 2000의 30년 평균 수익률과 같이 연간 9%대의 수익을 낸다면, 8년 뒤 그 액수는 원금의 대략 두 배가 된다. 또한, 기업들의 성장을 통해서 개인소득이 일본, 영국, 독일을 추월해 미국과 같아 진다면 매달 들어오는 국민연금의 수익은 배가 넘어갈 것이다. 이렇게 되어야 국민연금이 지속가능해지고, 후대의 수급자들에게도 연금의 지급을 보장할 수 있게 된다.

⑤ 연금 사회주의를 경계

다만 국민연금이 국내 주식 투자를 늘리는 대신 보유지분을 통해 국내기업의 경영에 간섭해서 정치적 도구로 활용하려는 "연금 사회주의"는 반드시 막아야 한다. 이 경우 국내 민간기업이 국영기업화될 우려가 있으며, 기업활동이 크게 위축될 수 있다. 따라서 각 펀드별로 개별 기업의 1% 이상의 주식을 보유하지 못하도록 해야 한다. 각 펀드는 개별 기업의 1% 이상의 주식을 가질 수 없지만, 만일 투자자의 입장에서 특별히 선호하는 기업이있다면 복수의 펀드에 가입할 수 있기 때문에 선택의 자유를 제한하는 것도 아니다.

IV. 부동산과 회사채 투자는 금물

국민연금을 포함하여 모든 연금은 결코 부동산에 투자해서는 안 된다. 연금의 부동산 투자시 풍부한 유동성에 의해서 부동산(특히 주택) 가격이 오르면, 부동산 모기지 대출을 받은 가구들은 높아진 이자 지불과 원금상환을 위해, 기업들을 압박해 임금 상승 요인이 될 수 있고, 이러한 인건비 상승은 기업의 경쟁력을 하락시킨다. 이미 국내 시장에서 부동산에는 충분한 자금이 공급되어 있다. 또한 국민연금은 국채, 지방채를 제외한 채권에 투자하는 것을 삼가야 한다. 2021년 1분기말 기준으로 국민연금의 채권투자 금액은 332.6조이며, 그 중 11.4%를 공기업과 민간 기업의 회사채에 투자하고, 10.3%는 금융기관의 금융채에 투자하고 있다(국민연금기금운용본부 2021).

[그림 44] 국민연금의 투자 포트폴리오

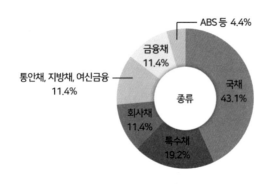

출처: 국민연금기금운용본부(https://fund.nps.or.kr/jsppage/fund/mcs/mcs_04_03_01.jsp)

연기금 등이 이와 같이 되어야 하는 또 다른 이유는, 이것이 바로 정경유착 자본주의를 극복하는 최상의 방안이 되기 때문이다. 단순히 수익률만을 비교해 보아도 은행채는 이자가 거의 없는 반면에, 주식은 8-9%의 수익률이 나기 때문에 은행채보다는 주식이 낫다고도 할 수 있다. 그런데 보다 중요한 것은 현재의 은행채는 정부가 한편으로는 은행을 보호하기 위한 수단으로써, 다른 한편으로는 은행을 통제하기 위한 수단으로서 쓰이고 있다는 것이다.

국민연금이 회사채에 투자하는 이유는 가장 안전하다고 생각하기 때문이다. 그런데 국민연금은 투자위험이 없는 기업에만 투자하기 때문에 이율이 낮을 수밖에 없다. 국민연금이 금융채 투자로 금융기관의 유동성을 개선해줄 수는 있다. 그러나 금융기관은 국민연금에 금융채 이자를 내야 하고, 그 이자는 상대적으로 낮은 수익을 내게 된다. 국민연금은 회사채를 통해서 기업의 운명을 결정할 수도 있다. 만약 국민연금이 회사채에 투자하지 않고 주식에 60% 이상 투자한다면, 기업은 회사채에 대한 이자를 획기적으로 절감할 수 있게 되고 상환위험을 줄일 수 있게 된다. 기업은 이렇게 절감한 이자를 주식을 보유한 국민연금에 배당할 수 있고, 국민연금은 배당금 수익 뿐만 아니라, 투자된 기업들이 경쟁력이 높아져 시가총액이 올라가는 자본이익도 얻을 수 있다. 이처럼 국민연금이 회사채의 비중을 줄이고, 주식에 대한 투자비중을 늘리는것은 국민이 납부한 연금이 다시 주식을 통해서 국민에게 분배되는 선순환구조를 만들어 내는 기초가 된다.

V. 안전자산이 안전하다는 착각

이러한 주장에 대해서 만일 개인의 퇴직연금과 국민연금 등을 활용한 스스로의 투자선택에 의해서 1998년의 IMF 사태나 2008년 미국의 서브프라임모기지 사태에 의한 주가폭락 등으로 인해서 회복할 수 없는 큰 투자의 손실이 발생하면 어떻게 할 것인지, 이에 대한 안전장치가 있는지 등의 반문이 이어질 것이다. 결론부터 말하자면, 이러한 예외적 사태에서의 주식 폭락 등은 감수하는 것이 맞고, 그렇다고 해서 반대로 이러한 사태에서도 부동산이나 채권이 절대적으로 안정적이라고 할 수도 없다는 것이다. 안전자산이 위기에서 안전하다는 것은 착각에 불과하다. 주식이 반토막, 3분의 1토막 나는 예외적 위기 상황이라면, 부동산 등은 더 폭락하면 폭락하지 결코 안전하지는 않다. 오늘날과 같이 연결되고 개방된 경제구조 속에서 글로벌 경제위기가 발생하는 경우 한국의 주식시장만 위험하고, 해외주식시장은 안전한 경우도 있을 수 없다.

이러한 반문에 답하기 위해서, 이 책은 부록에서 주요 기업들의 주가흐름이 장기적으로 우상승하는 흐름을 갖고 있다는 것을 실증적으로 보여주고, 퇴직연금과 개인연금을 국민이 스스로 선택하여 투자하는 것이 개별종목에 투자를 하는 것이 아니라 수익률이 공개되는 지수화된 인덱스 펀드에 투자하는 것임을 설명하고 있다.

혁신기업이 부자국민을 만든다

8장: 부동산

Ⅰ. 인간의 기본적 욕구로서 집

집은 인간이 행복을 추구하기 위한 기본적 필수요건이다. 특히 집은 자본주의 경제의 핵심이라고 할 수 있는데, 왜냐하면 많은 사람들이 모기지·대출 등을 통해서 집을 장만하기 때문이다. 만일 경기하강에 의해서 집값이 하락한다면, 소유자들은 이자 및 원금 상환에 어려움을 겪게 되고, 이것은 은행의 부실로 이어지게 된다.

우리나라의 집값은 2003년 12월부터 연 5.65% 상승하였다. 이러한 상승률을 기초로 계산해 보았을 때, 13년이 지나면 집값이 두 배가 된다고 예측할 수 있다. 정부의 부동산 정책은 매우 중요함에도 불구하고, 이번 정부는 인간의 기본적 욕구로서 부동산의 속성을 이해하지 못한 채 부동산을 규제의 대상으로 접근하였기 때문에 시장의 왜곡을 가져 왔다.

그러나 객관적인 수치로만 보았을 때 한국의 높은 집값으로 인해서 많은 국민들이 고통을 받고 있지만, 한국의 부동산 상승률이 OECD 국가들 중에서 매우 높지는 않다.

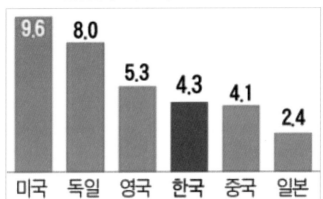

[그림 45] 2020년 주요국 실질주택가격지수 변동률 (단위:%)

9.6 8.0 5.3 4.3 4.1 2.4

미국 독일 영국 한국 중국 일본

출처: OECD 글로벌 부동산 통계지도, 국토연구원, 한국경제에서 재인용(https://www.hankyung.com/realestate/article/2021080417481)

"인간의 기본적 욕구로서 집" 이라는 관점은 정당한 것이기 때문에, 부동산 거래를 통한 소득창출을 죄악시해서는 안된다. 또한 부동산 소득이 불로소득이라는 인식도 과감히 바꾸어야 한다. 왜냐하면 국민들의 부동산 투자는 경제적 자립과 노후생활보장을 위한 하나의 방편이 될 수도 있기 때문이다.

정부는 국민이 임대주택에서 오래 살 수 있게 할 것이 아니라, 국민의 90% 이상이 자신의 집을 갖도록 모든 제도적 금융적 지원책을 마련해야 한다.

만일 현재 A지역의 집값이 평균보다 비싸다면, 회사가 몰려있는 지역과 가깝거나 대중교통, 학군, 치안 등이 좋은 곳일 확률이 높다. 인간은 편리함을 추구하는 존재이기 때문에 A지역은 필연적으로 집값이 상승하게 되어 있다. 지하철 노선이 하나 있는 B지역보다, 블록마다 지하철 노선이 두세 개 있는 A지역이 선호되는 것은 당연하다.

혁신기업이 부자국민을 만든다

또한 부동산은 모두에게 영향을 미친다. 현재의 샌프란시스코를 예로 들어보면, 임차인은 쾌적한 곳에서 살고 싶어했지만, 홈리스들로 인해서 위생문제가 야기되었다. 이를 해결하기 위해서 정부가 나선다면, 생활환경은 분명 더 쾌적해 질 것이고, 더 많은 사람들이 샌프란시스코에 살고 싶어할 것이다. 그러나 환경개선에 따른 부가가치는 역설적으로 대부분 주택소유주에게 돌아가게 된다. 주택소유주는 월세를 올릴 것이고, 상승한 월세는 임차인들에게 부담으로 다가올 것이다(Cowen 2019). 인간의 기본적 욕구에 따라서 집은 누구나 소유하도록 하는 것이 바람직하고, 정부는 정책적으로 국민이 집을 소유하도록 유도해 나가야 한다. 그래야만 집값 상승이 야기하는 무주택자의 경제적 손실과 심리적 박탈감을 예방할 수 있다. 정부가 교통 인프라 개선으로 거주 여건이 좋아지고 땅값 상승으로 인한 혜택은 주택 소유주가 얻고, 임차인에게는 인상된 전·월세로 돌아온다. 따라서 전세자금 대출이나 임대주택 등을 중심으로 하는 주택정책은 국민을 가난하게 만드는 것이며, 국민의 경제적 자유를 박탈하는 잘못된 정책방향이다. 결국 중산층이 되지 못한 서민층은 정부에 종속화 될 수밖에 없다.

예를 들어서, 2021년 7월 현재 서울의 아파트값 평균 거래가격이 11억 4,283만원인데, 연 5.65%의 상승률을 가정해 보면, 향후 13년 동안 평균 1년에 8,800만원의 자본이익을 잃게 되는 것이다. 싱가포르는 생애 첫 주택 구매시 집값의 90%까지 1% 내외의 저리로 대출해 준다고 한다.

자본주의 체제 하에서는 인플레이션이 일어날 수밖에 없는데, 왜냐하면 정부·기업·개인 모두가 인플레이션을 선호하기 때문이다

(Greenspan 2007). 인플레이션에 가장 큰 영향을 미치는 것이 바로 부동산이다. 이러한 철칙을 무시하고 부동산 정책을 실행하면 계속해서 실패할 수밖에 없다.

Ⅱ. 기업의 혁신에 반하는 연기금의 부동산 투자

이 책에서 연기금이 부동산에 투자해서는 안 되고, 연기금은 국내 주식에 투자해야 한다는 주장이 계속해서 반복되었다. 부동산과의 관련 속에서 이 논지를 다시 한 번 반복하면, 연기금이 부동산에 투자를 하는 경우, 부동산에 자금이 공급되기 때문에 가격이 오르게 되고, 부동산 가격의 상승은 기업들에게 직접적인 비용으로 작용하기 때문에 기업의 혁신에 반한다고 설명할 수 있다. 기업들에 있어서 인건비를 상승시키는 핵심적인 요소가 바로 부동산인데, 현재는 애석하게도 모든 금융시스템이 투자역량의 상당부분을 부동산에 집중하고 있는 상황이다. 현재의 부동산 가격 폭등의 원인 중의 하나로 금융시스템이 지나치게 부동산 투자에 집중하고 있는 것을 지적해야만 한다. 모든 개인이 주택(아파트)을 갖도록 만드는 것이 총비용적으로 훨씬 저렴한 것이며 기업의 혁신에도 긍정적인데, 왜냐하면 평균 10억 정도인 아파트 가격이 매년 5% 상승한다고 하면, 그 개인은 연 5,000만원에 해당하는 추가적인 근로소득만큼을 부동산(아파트)을 통해서 벌게 되는 것이기 때문이다. 연 5,000만원 만큼의 추가 인건비를 주면서 고용할 수 있는 기업은 없다는 점에서, 모든 개인이 아파트를 갖도록 하는 것은 혁신 자본주의로의 발전을 위한 핵심인 기업의 경쟁력 강화(즉, 비용절감)에 큰 도움을 주도록 만든다. 아파트 가격은 정부가 필수적으로 안정시켜야 하는 자산이며, 또한 이것이 바로 국민이 열렬히 원하는 바이기도 하다. 개인에게 고정적으로 들어오는 돈이 있다면(즉, 아파트를 통해서 매년 5,000만원의 추가적인 소득을 얻는 것과 마찬가지라면), 그 개인은 추가적 대안으로서 선택할 수 있는 가능성이 다양해진다. 자신의 개인적인 눈높이에 맞지 않는 직장이라도 흔쾌히 취직할 수 있는 가능성이 높아지며, 반드시 전일제 근무를 하지 않더라도 시간제 근무도 선호할 수 있게 되는 것이다. 기업의 혁신이라는 측면에서는, 매출이 오르거나 비용이 낮아지는 것이 곧 기업가치의 혁신에서의 핵심인데, 기업의 입장에서는 원가가 낮아지는 (즉, 인건비가 적어지는) 것과 마찬가지의 효과를 얻게 된다. 따라서 부동산 가격이 원만한 상승을 한다는 것은 인건비에 압력을 가하지 않는다는 것과 마찬가지로 해석할 수 있다. 이러한 점에서 개인이 부동산(아파트)을 갖는다는 것은 인간의 기본적인 욕구에 부합하는 것일 뿐만 아니라, 기업의 혁신을 위한 핵심적인 전제조건이라고도 할 수 있다.

III. 싱가포르: 주택 자가보유율 90%의 기적

싱가포르는 임대가 아닌 국민의 자가주택 소유를 일관된 정책으로 삼고, 정부 주도로 재정을 지원하여 자가형 공공주택을 공급하고 있다. 1959년 싱가포르는 중국, 말레이시아, 인도에서 수십만의 이민자들이 몰려들면서 인구과밀과 주택부족의 위기에 봉착했다. 많은 이민자들이 열악한 환경에 거주하게 되면서 민족간 갈등도 심화되었다. 이 때문에 싱가포르 정부는 토지를 국유화하고, 1960년 2월 1일, 공공주택의 계획·건설·공급을 전담하는 주택개발청Housing and Development Board, HDB을 설립하였다. 그리고 한국의 국민연금에 해당하는 중앙적립기금Central Provident Fund, CPF의 일부를 주택구입에 쓸 수 있게 함으로써 안정적으로 주택자금을 지원하는 시스템을 구축하였다(진미윤·이현정 2005, 216—221).

[그림 46] HDB 공공주택 거주자 비율 (단위:%)

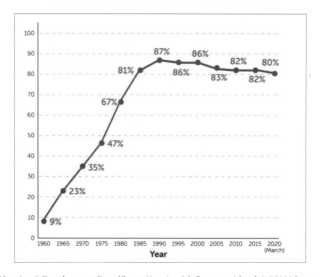

출처: Housing & Development Board(https://services2.hdb.gov.sg/ebook/AR2020-keystats/html5/index.html?&locale=ENG&pn=13)

혁신기업이 부자국민을 만든다

[그림 47] 싱가포르의 주택 자가보유율, 2011—2020 (단위:%)

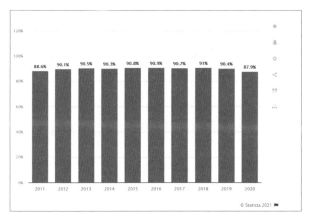

출처: Statista(https://www.statista.com/statistics/664518/home-ownership-rate-singapore/#statisticContainer)

그 결과 면적은 서울보다 약간 크고, 인구는 620만 명의 싱가포르에서 HDB가 공급한 공공주택에 국민의 80%가 거주할 수 있게 되었고, 나머지 20%의 민간주택에서 소수의 부유층과 외국인이 거주하고 있다. 싱가포르 국민은 평생 두 번의 공공주택 분양 기회를 얻는다. 생애 최초 혹은 부모와 같은 지역의 집을 분양받을 때는 추가로 할인을 받는다. 무엇보다도 공공주택을 분양받을 때 분양금액의 90%까지 CPF를 통해 저리로 대출을 받을 수 있다. 도심의 공공주택은 시장가격의 70%, 시 외곽은 시장가격의 45%에 공급되며, 부동산 투기는 부패행위조사국이 엄단한다. HBU의 일관적 정책과 CPF의 금융지원 덕택에 싱가포르의 주택 자가보유율은 90%가 넘는다(성정욱 2021). 이와 같은 싱가포르의 자가주택을 소유하도록 만드는 정책이 오늘날 싱가포르가 강력한 도시국가가 되는 경제적 기초가 되었다. 한국도 국민 대다수를 가난하게 만드는 임대주택 정책을 세울 것이 아니라, 적극적으로 자가주택을 소유할 수 있도록 만드는 정책을 개발해 나가야 한다.

혁신기업이 부자국민을 만든다

9장: 기업가 발굴 및 R&D

Ⅰ. 혁신 자본주의의 요람: 대학(원)

혁신 자본주의의 초석이자 미래를 결정하는 것은 교육이다. 한국에서 대입만을 위한 교육제도도 문제지만, 더 큰 문제는 대학교에 들어와서도 커리큘럼이 창의적인 인재를 육성하는 것과 거리가 멀다는 점이다. 그 결과 명문대학교 학생들도 토론을 통해서 자신의 비판적 의견을 개진하기보다는 교수의 성향을 파악하여 학점을 잘 받고, 시험문제를 잘 푸는 데에만 최적화되어 있다. 그리고는 많은 대학생들이 공무원이 되거나 공기업, 대기업 등의 안정적인 직장에 취업하는 것을 최선이라고 생각한다. 물론 불확실한 미래에 대한 두려움 때문에 학생들이 위와 같은 직장에 들어가는 것이 나쁘다는 말은 아니다. 다만 현재의 대학 커리큘럼이 불확실한 미래를 기회로 받아들이고 도전할 수 있는 기업가의 자질을 가진 인재들까지 취업시장으로 내몰고 있는 것은 아닌지를 성찰해 보아야 한다는 것이다.

한국의 대학교와 교수들부터 달라져야 한다. 매년 똑같은 강의중심의 커리큘럼, 정년 보장 이후에 만연한 보신주의와 매너리즘, 정부 프로젝트를 따내면 혈세를 낭비하고, 석, 박사생들을 동원해서 자신의 업적으로 포장하는 행태는 혁신과는 거리가 멀다.

또한 4차 산업혁명 시대에 접어들면서 기업이 더 많은 이공계 졸업자를 필요로 함에도 불구하고, 39년 전 수도권 대학의 총정원을 동결시킨 수도권정비법 때문에 서울대를 비롯한 주요대학들이 학과체

제를 개혁해서 이공계 학과정원을 늘릴 수 없도록 만들어 놓았다(조
선일보 2021). 이는 제도가 시대의 흐름에 역행하는 형국이다.

[그림 48] 주요 대기업 최근 3년간 신입사원 문·이과 전공 비율 (단위:%)

주(註): 노란색- 문과, 파란색- 이과
출처: 각 사, 조선일보에서 재인용(https://www.chosun.com/opinion/editorial/2021/09/07/
HMHXKI6JE5DHLGHZMVX55NSZ5Q/)

정부는 기업과 대학이 연계된 산학협력 파트너십을 강화하도록 제
도적으로 지원해야 한다. 정부는 대학이 4차 산업혁명 시대의 수요에
대응하는 인재를 양성할 수 있도록 학과 정원과 커리큘럼을 유연하
게 조정할 수 있도록 법률을 개정해야 한다. 이로써 기업은 대학으로
부터 자신들이 원하는 양질의 인재와 혁신적 기술을 얻을 수 있고, 대
학은 학생들이 좋은 기업에 취업할 확률을 높이고, 기술개발에 필요
한 자금을 기업으로부터 조달할 수 있다. 이러한 대학혁신의 모범사
례로서 미국의 스탠포드대는 학사 4년과 석사 2년을 통합한 6년 학제
를 도입하여 학생들이 6년간 대학과 직장생활을 병행하고, 직장생활
후 다시 학업을 할 수 있는 개방형 순환 대학Open Loop University을 운
영하는 것을 들 수 있다. 이로써 졸업생이나 재학생은 직장과 학교의
구분없이 양쪽에서의 경험과 연구가 융합될 수 있다. 테슬라는 자신

혁신기업이 부자국민을 만든다

의 거점지역에 있는 미국 6개 대학과 협력해서 서비스 센터 정비사를 양성하는 12주 견습생 프로그램 개시하여, 기업과 대학의 상생모델을 제시하였다(이정민 2019). 기업과 대학의 협력으로 발생되는 시너지 효과는 기술혁신으로 나타나게 되고, 혁신의 선순환 궤도가 자리 잡게 된다.

최근 대학생들이 학문이 아닌 취업에 몰두하면서 차라리 대학을 갈 필요 없이 어릴 때 아이들의 진로를 결정하여 기술 분야의 장인을 양성하자는 주장도 호응을 얻고 있다. 독일의 마이스터Meister와 일본의 모노츠쿠리もの造り로 대변되는 오랜 전통의 장인 정신은 제조업 강국 독일과 일본의 토대가 되었다. 전통을 전승하고, 장인 정신이 필요한 산업 분야가 분명히 존재한다. 그러나 지나친 장인 정신의 고수는 급변하는 시장 트렌드에 신속하고 유연하게 대응하지 못할 수도 있다. 한 때 전 세계를 호령했던 일본 전자산업의 몰락이 이를 여실히 보여준다.

대학교육의 유용성은 무엇보다도 중요하다. 특히 스승과 제자만 있는 작은 공방工房이 아닌, 드넓은 대학 캠퍼스에서 학생들은 다양한 경험을 하고 견문을 넓힐 수 있다. 이는 학생들이 자신의 미래를 설계하는데 중요한 무형의 자산이 된다. 특히 대학원은 혁신의 발전소이자 미래 기업가들의 산실로 거듭나야 한다. 일례로 코로나 바이러스 백신으로 유명해진 모더나Moderna는 2010년 데릭 로시Derrick Rossi 하버드대 의대 교수와 로버트 랭어Robert Langer MIT대 교수 등이 창업한 바이오 벤처를 모태로 한다.

[그림 49] 모더나 주가추이
(2018년 12월 31일—2021년 11월 19일, 단위:B 10억 달러)

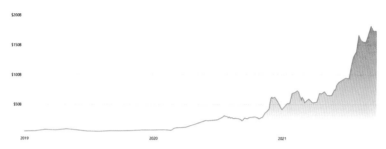

출처: Companies Market Cap(https://companiesmarketcap.com/moderna/marketcap/)

구글도 1996년 스탠포드대의 박사과정 대학원생이었던 래리 페이지Larry Page와 세르게이 브린Sergey Brin에 의해서 시작되었다.

[그림 50] Alphabet(구글)의 시가총액추이
(2014년 3월 31일—2021년 11월 19일, 단위:B 10억 달러, T 1조 달러)

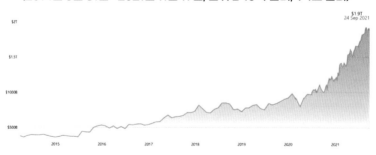

출처: Companies Market Cap(https://companiesmarketcap.com/alphabet-google/marketcap/)

한국은 이미 우수한 인재들을 보유하고 있다. 2019년 현재 청년층 (25-34세)의 고등교육 이수율은 69.8%인데, 이는 OECD 국가와 평균인 44.9%와 미국의 50.4%를 크게 상회한다(OECD n.d.).

[그림 51] 25-34세의 고등교육 이수율 (같은 연령대 %)

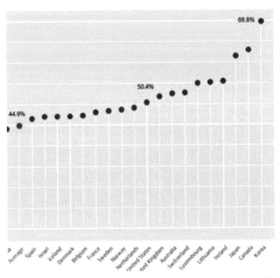

출처: OECD(https://data.oecd.org/eduatt/population-with-tertiary-education.htm)

그러나 한국의 이와 같이 높은 대학 진학률에도 불구하고, 미국과 같이 대학에서 성공한 벤처기업이 나타나지 않은 이유는 무엇일까? 이는 미래의 기업가가 될 역량을 지닌 인재들을 찾아낼 수 있는 체계가 자리잡지 못했기 때문이다. 먼저 대학 벤처창업의 활성화를 위해서 보다 많은 기회가 교수와 학생들에게 주어져야 하며, 앞의 성과주의에서 언급했다시피 투명하고 공정한 경쟁을 통해서 옥석을 가려내야 한다.

예를 들어, 올림픽 금메달을 따기보다 힘들다는 한국의 양궁 국가 대표가 되기 위해서는 재능을 가진 수많은 선수들이 참가하는 1, 2차 선발전을 통과해야 한다. 대한양궁협회는 선발과정에서 인맥과 과거의 명성을 배제하고 오직 성적만으로 국가대표를 선발해 왔는데, 국가대표 선수들이 올림픽과 세계대회에 나가서 1위를 휩쓸고 있다. 요즘 요즘 인기 있는 오디션 프로그램에도 무명의 쟁쟁한 가수들이 참가한다. 여기에서 오직 중요하게 작용하는 것은 참가자들 간의 공개적인 경쟁에서 심사위원의 까다로운 기준을 통과하여 승리할 수 있는 가수의 실력 뿐이다. 이러한 과정을 거쳐서 트로트 스타가 발굴된다. 이들과 마찬가지로 대학별로 최대한 많은 교수와 학생들이 벤처창업에 쉽게 도전할 수 있도록 진입장벽을 낮추기는 하되, 인맥과 학맥에 의한 지원금 타내기 경쟁이 아니라 진정한 실력과 기술력을 갖춘 연구실이 투명하고 공정한 경쟁을 통해서 선발되고 커 나갈 수 있도록 제도화가 이루어져야 한다.

교수가 창업할 경우 승진 등에 혜택을 주거나, 수업 시수의 부담을 덜어주는 것은 좋은 인센티브가 될 수 있다. 대신 성과주의에 기반하여 교수가 창업한 기업에 대한 투명하고 철저한 평가가 이루어져야 한다. 카이스트는 교원의 벤처창업을 장려하고 있으며, 교수와 기업인으로서의 겸직을 허용하고 있다. 2014년부터 카이스트 창업원은 Startup KAIST 운동을 통해 교원과 학생들의 기업가 정신을 제고하고, 이들의 기술을 토대로 창업한 스타트업이 글로벌 시장에 진출하는 시스템을 만들기 위한 프로그램을 제공하고 있다(카이스트 창업원 n.d.). 그 결과 2014년부터 2020년까지 교원창업 기업 36개를 배출하기에 이르렀다(카이스트 창업원 n.d.). 캠퍼스 내에서 혁신을 통한 기업가정신의 배양과 스타트업의 성공 가능성을 잘 보여주는 사례라고 할 수 있다. 서울대 역시 교원 창업을 지원하기 위한 산학협력단의 지위를 격상시키고, 교원이 창업한 기업은 의무적으로 지분 5%를 학교에 양도하도록 2020년 12월 창업 규정을 수정하였다(김금이 2021). 그러나 실상 교원 창업은 대학 자체의 역량만으로 충분하지 않다. 따라서 대학이 미래의 기업가들과 벤처기업들을 찾아내고, 이들을 국내외 시장의 승자로 만들 수 있도록 정부가 행정적·법률적·재정적 조치를 완비해야 한다. 이를 통해 창업 기업의 성과가 소속 대학에 기여하고, 더 나아가 한국 경제전반으로 확산될 수 있는 생태계가 조성될 수 있다.

II. 민간과 정부가 함께 나서야 하는 R&D

"훌륭한 혁신적 아이디어가 희소한 상황" 속에서 기술 혁신의 둔화는 성장Growth뿐 아니라 생존Survival까지 위협하게 된다. 미래기술혁신의 관건은 미래시장을 창출한다는 시각에서 정부의 지원에 달려있다. 정부는 새로운 연구 분야에 종사하는 젊은 과학자들을 재정적으로 지원해야 한다. 민간부문의 투자는 제품 중심적이고, 특허문제와 기업기밀 때문에 국가전체에 적용되는데 시간이 오래 걸린다. 따라서 정부는 제도적으로도 특허법을 개혁하고, 세액공제 등을 통해서 민간부문이 이룩한 혁신이 국가경제전체로 확산되도록 촉진시킬 필요가 있다(Smith 2019).

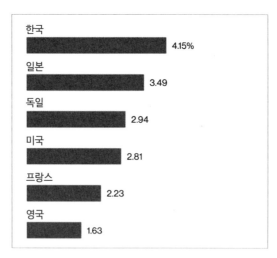

[그림 52] GDP 대비 R&D 투자비율

한국 ── 4.15%
일본 ── 3.49
독일 ── 2.94
미국 ── 2.81
프랑스 ── 2.23
영국 ── 1.63

출처: 세계경제포럼, 블룸버그에서 재인용(https://www.bloomberg.com/
opinion/articles/2019-08-09/federal-r-d-tax-credits-immigrants-might-boost-tech-
innovation?fbclid=IwAR3ZU38nSs-2k8Ud2PhMtY08h_9KFVQGOa85Kj5inSD2D8lfnq8ty952eDc
&sref=FHcddoiE)

미국은 냉전기 소련과의 우주경쟁에서 승리하기 위해서 1964년
R&D 투자에 최고치를 기록한 이후 추가 투자에 인색했다.

[그림 53] 미국의 GDP대비 R&D 투자비율 추이 (단위:%)

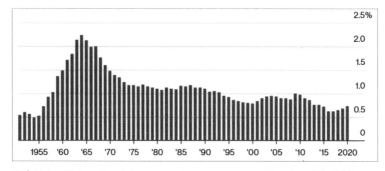

출처: National Science Foundation, Bureau of Economic Analysis, Bloomberg에서 재인용
(https://www.bloomberg.com/news/articles/2021-06-03/u-s-ploughs-cash-into-r-d-as-china-
triggers-a-sputnik-moment)

혁신기업이 부자국민을 만든다

[그림 54] R&D 지출에서 미국과 중국 간 줄어드는 격차 (단위:10억 달러)

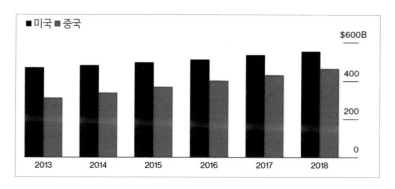

출처: OECD, Bloomberg에서 재인용-(https://www.bloomberg.com/news/articles/2021-06-03/u-s-ploughs-cash-into-r-d-as-china-triggers-a-sputnik-moment)

　그러나 최근 중국의 R&D 지출 증가가 미국의 패권에 위협으로 다가오는 상황에서 미국은 바이든 행정부 들어서 여야를 막론하고 다시 기술혁신에 필수적인 R&D 투자를 정부가 주도해야 한다는 점을 인식하기 시작하였다. 정부 R&D 지원의 핵심 분야는 반도체 산업, 사이버 보안, 전기자동차, 친환경 에너지소재, 제약 등이다. 그 중 대표적으로 정부 지원이 성공한 사례가 코로나 19 상황에서 화이자와 모더나가 불과 몇 개월만에 백신을 개발해낸 것이다. 이는 어느 정도는 정부 기관과 주립 대학들이 수년간 연구한 토대가 있었기 때문에 가능한 것이기는 하지만, 미국 정부의 코로나 극복을 위한 집중적인 R&D 투자가 성과를 낸 것이라고 평가할 수 있다(Decker & Tanzi 2021).

[그림 55] 2021년도 국가별 예상 R&D 투자액 순위 (단위: 10억 달러)

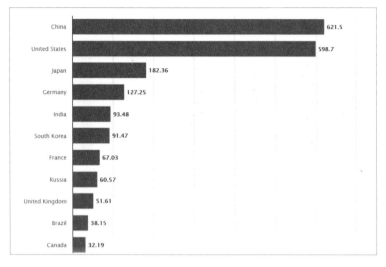

출처: Statista(https://www.statista.com/statistics/732247/worldwide-research-and-development-gross-expenditure-top-countries/)

미래의 새로운 시장 및 제품, 서비스를 만들어내기 위해 본격적으로 우리 정부도 나서야 한다. 정부는 미래의 새로운 시장과 산업을 창출할 수 있는 힘을 가지고 있다. 2019년 GDP에서 R&D 투자비중은 한국이 전 세계 1위였지만, 2021년 예상 R&D 투자액은 6위에 불과하다. 이는 일본의 50%, 중국의 15%에 불과한 액수이다. 정부가 R&D 투자를 대폭 확대해야하는 시점에서 한정된 정부예산을 어떻게 하면 더 전략적으로, 효율적으로 R&D 투자에 배정할 수 있을지 고민할 때이다.

결론: 독자들을 위한 제언

Ⅰ. 국민에 대한 제언

1. 집을 소유해야 한다.

부자국민이 되기 위해서는 안정적인 근로소득이 기반이 되어야 하고, 혁신기업의 직·간접적 주주가 되어야 하며, 집을 소유하고 있어야 한다.

집을 소유하지 않고서는 자본주의 사회에서 결코 재정 안정성과 노후보장 등 경제적 자유를 누리기 어렵다. 따라서 반드시 집을 소유해야 한다. 정부는 최우선적으로 모든 가구의 90% 이상이 일가구 일주택을 이룰 수 있도록 부동산 정책을 펼쳐야 한다.

2. 모든 국민이 국내 혁신기업의 주주가 되어야 한다.

국민은 동학개미처럼 열심히 주식에 직접적으로 투자하거나, (개혁될) 연기금을 활용하여 간접적으로라도 우량한 혁신기업의 주식을 반드시 소유해야 한다.

직·간접적으로 주식에 투자를 함으로써, 국민 개개인은 주주로서 혁신기업과 안정적으로 부를 공유하고 혁신기업은 지속해서 경제적 가치를 창출하고 성장하기 위한 투자를 원활하게 유치할 수 있다. 획기적인 혁신기업과 신생대기업을 많이 만들고 지속적으로 성장하게 하기 위해서는 국민과 거대 자본의 주식 투자가 필수적이다. 이 국민의 거대자본이 바로 국민연금, 퇴직연금, 개인연금 등 연기금이다. 이 거대자본은 주식 투자의 하방 안정성을 갖도록 주식시장을 받쳐주는 역할과, 많은 혁신기업 및 신생대기업들이 만들어지고 지속적으로 성장하도록 지원하는 역할을 해야 한다.

3. 이러한 모든 요구는 결국 국민에 의해서 실현된다.

집을 소유할 수 있게 되는 것, 모든 국민이 기업의 직·간접적인 주주가 되는 것, 기업이 혁신의 원동력을 거대자본으로부터 얻는 것, 금융시스템 패러다임의 전환이 이루어지는 것, 이러한 모든 요구를 가능하도록 만드는 것은 결국 국민에게 달려 있다. 국민은 연기금 기금 운용 중 60% 이상(국내주식 45% 이상)을 주식에 투자하는 혁신적인 금융시스템의 패러다임 전환이 이루어지도록 정부에 강력하게 요구하고 행동해야 한다.

II. 기업에 대한 제언

1. 모든 기업은 혁신기업이 되어야 한다.

기업에게 혁신은 현상유지 내지는 생존을 위해 요구되는 것이며, 기업이 신생대기업으로 성장하는 원동력이 된다. 기업의 성질과 규모를 불문하고 모든 기업에게 혁신은 선택이 아니라 필수적인 것이다. 자영업(소상공인)이든 중소기업이든 대기업이든 급변하는 소비자의 니즈 와 변덕스러운 욕구를 충족시켜 주기 위해서 항상 혁신해

혁신기업이 부자국민을 만든다

야 한다! 모든 기업은 혁신기업이 되어야 한다. 기업의 획기적인 혁신을 가능하도록 만드는 원동력은 창의라는 요소와 더불어, 이러한 창의를 경제적 가치로 만들기 위한 구체적인 방안, 신생대기업으로 성장하기 위한 지속적인 경쟁력 구축으로부터 나온다. 그리고 이 모두는 사람이 해야 한다.

2. 혁신기업은 글로벌 경쟁에 타깃을 맞추어야 한다.

국내의 기업들은 자신들의 경쟁상대를 스스로 글로벌 수준의 기업들로 설정하여 혁신하여야 한다. 이미 압도적인 글로벌 1등 수준의 한국기업들도 있지만, 이들만으로는 결코 충분하지 않다. 연기금이라는 거대자본의 투자와 정부의 장기적이고 선제적인 R&D의 성과물들을 기반으로 하여, 혁신기업들은 글로벌 경쟁에 나서서 승리해야 한다.

3. 한국 글로벌 혁신기업의 임금을 최고 수준으로 해야 한다.

국내의 혁신기업들이 이러한 글로벌 경쟁에서 승리하는 과정 속에서, 최고수준의 기업과 최고수준의 대우는 자연스럽게 달성될 것이다. 개인의 근로소득이 국제적 최고 수준을 뛰어 넘는 상승, 이것이 바로 기업의 혁신이 국민에게 미치는 긍정적인 효과 중의 하나로 부자국민을 만들어 내는 원동력이 된다. 또한 이러한 매력적인 최고 수준의 임금은 국내외 글로벌 인재를 국내의 혁신기업으로 유인하는 큰 힘이 될 것이다.

III. 정부에 대한 제언

1. 정부는 미래시장의 창출을 위해서 선제적으로 대규모 R&D에 투자해야 한다.

혁신은 희귀한 것이며, 오늘과 같이 국제경쟁이 심화된 현실에서 획기적인 혁신은 더욱 희귀하다. 미래시장을 창출하기 위한 획기적인 혁신을 달성하기 위해서 정부의 장기적이고 선제적인 대규모 R&D 투자가 필수적이며, 이러한 R&D의 성과가 혁신기업의 구석구석에 미치도록 제도화를 이루어야 한다.

2. 정부는 국민·기업·정부를 연계하여 부의 삼위일체를 형성해야 한다.

전통적으로 정부는 복지정책을 통해 공정하게 부를 분배하는 주체이자, 국민과 기업을 제도적으로 연계할 수 있는 힘을 가진 유일한 주체이다. 정부는 그 자신을 포함하여 국민과 기업을 유기적으로 연결할 수 있는 방법을 모색해야 한다. 그 구체적인 방법을 현실에서 실현하는 것들 중 하나가 바로 국민이 투자한 거대 자본인 연기금의 주식투자를 통해 국민·기업·정부 부의 삼위일체를 구축하는 것이다.

3. 정부는 한국의 연기금이 국내 혁신기업 주식에 투자 비중을 높일 수 있도록, 금융시스템 패러다임의 전환을 이루어야 한다.

한국은 아직 연기금의 혁신적이고 잠재력이 풍부한 국내 주식 투자 비중이 낮아 글로벌 표준 최상의 금융 시스템을 구축하지 못하였다. 이 책에서 제시한 것처럼 연기금의 개혁을 통해서 국민이 스스로

혁신기업이 부자국민을 만든다

의 선택에 의해서 안전하고 수익율 높은 지수화된 펀드Index Fund에 투자할 수 있는 최상의 금융시스템을 갖추어야 한다. 그래야만 국내에 혁신기업 및 신생대기업이 많이 만들어지고, 그 기업들이 지속적으로 성장할 수 있다. 이와 같이 혁신기업에 친화적인 환경을 만들어내는 것이 부자국민을 만드는 지름길이며, 이것이 바로 정부에게 주어진 과제이다.

참고문헌

국문

강진규. (2021년 9월 5일). Retrieved from
https://www.hankyung.com/economy/article/2021090533311

공정거래위원회. (2020년 5월 1일). Retrieved from
http://www.ftc.go.kr/www/selectReportUserView.
do?key=10&rpttype=1&report_data_no=8548

공태인. (2021). 2021 주요국 가계 금융자산 비교. 서울: 금융투자협회.

국민연금기금운용본부. (2021). Retrieved from
https://fund.nps.or.kr/jsppage/fund/mcs/mcs_04_03_01.jsp

_____. (2021). Retrieved from https://fund.nps.or.kr/jsppage/
fund/mpc/mpc_03.jsp

권형우. (2018년 6월). Retrieved from
http://webzine.miraeassetdaewoo.com/bbs/board.php?bo_
table=MD12&wr_id=59

기획재정부. (2021년 6월 17일). Retrieved from
https://www.korea.kr/news/policyNewsView.do?newsId=148888904.

김금이. (2021년 3월 28일). Retrieved from
https://www.mk.co.kr/news/society/view/2021/03/294092/

김성민. (2018년 11월 30일). Retrieved from
http://www.biospectator.com/view/news_view.php?varAtcId=6697

김소영. (2021). 혁신성장과 거시경제정책. 서울대학교한국경제혁신센터·경제연구
소·경제학부(편), 혁신의 시작(pp. 25－44). 서울: 매경출판.

김영신. (2020년 6월 11일). Retrieved from
https://www.yna.co.kr/view/AKR20200610168600003

김인건. (2021년 7월 2일). Retrieved from
https://www.sisain.co.kr/news/articleView.html?idxno=44894

김재형·주애진. (2019년 12월 14일). Retrieved from
https://www.donga.com/news/Economy/article/all/20191213/98798213/1

김정은. (2021년 8월 19일). Retrieved from
https://www.mk.co.kr/news/stock/view/2021/08/805083/

혁신기업이 부자국민을 만든다

김현민. (2020년 11월 28일). Retrieved from
 http://www.atlasnews.co.kr/news/articleView.html?idxno=2954

네이버 증권. (2021년 9월 28일). Retrieved from
 https://m.stock.naver.com/index.html#/domestic/stock/259960/total

노자운. (2021년 5월 21일). Retrieved from
 https://biz.chosun.com/stock/analysis-prospect/2021/05/28/
 M5KZWMFX3JB4BDJRQ3N74GOCKI/

매일경제. (1988년 9월 24일). Retrieved from
 https://newslibrary.naver.com/viewer/index.nhn?articleId=198809240009920
 4010&editNo=1&printCount=1&publishDate=1988-09-24&officeId=00009&p
 ageNo=4&printNo=6943&publishType=00020

박상돈. (2020년 10월 9일). Retrieved from
 https://www.yna.co.kr/view/AKR20201008163700030

보건복지부. (2021년 7월 2일). Retrieved from
 https://www.korea.kr/news/pressReleaseView.do?newsId=156459803

서영태. (2021년 2월 8일). Retrieved from
 https://news.einfomax.co.kr/news/articleView.html?idxno=4131578

설지연. (2020년 9월 11일). Retrieved from
 https://www.hankyung.com/finance/article/2020091109341

성정욱. (2021년 3월 26일). Retrieved from
 https://www.mk.co.kr/news/economy/view/2021/03/287102/

손원태. (2021년 8월 24일). Retrieved from
 http://www.smedaily.co.kr/news/articleView.html?idxno=211763

손해용. (2020년 5월 20일). Retrieved from
 https://mnews.joins.com/amparticle/24062148

심아란. (2021년 1월 22일). Retrieved from
 https://www.thebell.co.kr/free/content/ArticleView.asp?key=2021012208203
 26480102291&lcode=00

심재현. (2021년 8월 12일). Retrieved from
 https://news.mt.co.kr/mtview.php?no=2021081207060930067

IXL Center. (2018). *사업혁신: 획기적인 사업혁신 지침서*. 서울: Global Innovation
 Management Institute.

안소영·박용선·정현진. (2021년 3월 29일). Retrieved from http://economy.
 chosun.com/client/news/view.php?boardName=C00&page=1&t_

num=13610510

오일랜드. (2019년 2월 26일). Retrieved from
https://blog.naver.com/knoc3/221471170919

윤지원. (2015년 9월 29일). Retrieved from
https://www.news1.kr/articles/?2443487

윤지혜. (2021년 8월 20일). Retrieved from
https://m.mt.co.kr/renew/view.html?no=2021081712001793758&MVR_T#_
enliple

이경은. (2021년 4월 10일). Retrieved from
https://www.chosun.com/economy/stock-finance/2021/04/10/7IWSSSO53B
ERFIWKD2NIMDSVMA/

이벌찬. (2021년 7월 29일). Retrieved from
https://www.chosun.com/international/international_general/2021/07/29/
GJFSBWMII5DQ3GMAXVZC3DR64M/

이선애. (2019년 1월 21일). Retrieved from
https://www.asiae.co.kr/article/2019012115492176091

이종섭. (2021년 11월 11일). Retrieved from
https://www.khan.co.kr/world/china/article/202111112010001

이정민. (2019년 8월 27일). Retrieved from
https://news.kotra.or.kr/user/globalAllBbs/kotranews/album/2/
globalBbsDataAllView.do?dataIdx=176881

이지영. (2021년 9월 25일). Retrieved from
https://www.joongang.co.kr/article/25009514#home

저니 에디터. (2018년 10월 10일). Retrieved from
https://www.coca-colajourney.co.kr/stories/coke-bts-pack-launch

전경운. (2021년 9월 1일). Retrieved from
https://m.mk.co.kr/news/economy/view/2021/09/846075/

전영선. (2017년 10월 9일). Retrieved from http://global-autonews.com/bbs/
board.php?bo_table=bd_021&wr_id=741&page=11

조선일보. (2021년 9월 7일). Retrieved from
https://www.chosun.com/opinion/editorial/2021/09/07/
HMHXKI6JE5DHLGHZMVX55NSZ5Q/

진미윤·이현정. (2005). 싱가포르의 주택정책과 주택공급체계. 국토연구 47, 215-
237.

카이스트 창업원. (n.d.). Retrieved from https://startup.kaist.ac.kr/startup-kaist/

_____. (n.d.). Retrieved from https://startup.kaist.ac.kr/portfolio/

KBS. (2020년 3월 7일). Retrieved from https://www.youtube.com/watch?v=hNZ23HsbwHA

___. (2021년 8월 15일). Retrieved from https://www.youtube.com/watch?v=AcIly2vq0qM&t=2557s

통계청. (2021년 8월 2일). Retrieved from https://kosis.kr/statHtml/statHtml.do?orgId=101&tblId=DT_1YL1701&conn_path=I3

_____. (2021년 8월 30). Retrieved from https://kosis.kr/statHtml/statHtml.do?orgId=343&tblId=DT_343_2010_S0033

한국국제문화교류진흥원. (2021). 글로벌 한류 트렌드 2021. 서울: 한국국제문화교류진흥원.

한예경. (2020년 8월 13일). Retrieved from https://www.mk.co.kr/news/business/view/2020/08/831092/

황희경. (2020년 10월 28일). Retrieved from https://www.yna.co.kr/view/AKR20201028071600030

영문

Alamy Stock Photo. (1989). Retrieved from https://www.alamy.com/a-west-german-mercedes-parked-next-to-an-east-german-trabant-the-fall-image9255104.html

Borst, N. (2021, April 15). Retrieved from https://www.lowyinstitute.org/the-interpreter/has-china-given-state-owned-enterprise-reform

Brooker. M. (2021년 9월 7일). Retrieved from https://www.bloomberg.com/opinion/articles/2021-09-06/china-s-common-prosperity-goal-ends-in-a-middle-income-trap

Bryant, C. (2019, June 14). Retrieved from https://www.bloomberg.com/opinion/articles/2019-06-14/volkswagen-tries-new-17-billion-direction-with-traton-trucks-ipo

Cai, J. (2019, November 21). Retrieved from https://www.scmp.com/news/china/politics/article/3038757/chinas-state-owned-enterprises-help-protect-economy-foreign

Companies Market Cap. (2021, September 24). Retrieved from https://companiesmarketcap.com/moderna/marketcap/

Companies Market Cap. (2021, November 19). Retrieved from https://companiesmarketcap.com/alphabet-google/marketcap/

_____. (2021, November 19). Retrieved from https://companiesmarketcap.com/moderna/marketcap/

Cowen, T. (2019, March 26). Retrieved from https://www.bloombergquint.com/onweb/if-you-can-t-afford-the-rent-it-s-my-problem-too

Daily Mail. (2019, February 26). Retrieved from https://www.dailymail.co.uk/news/article-6746697/Alibabas-Jack-Ma-richest-Chinese-person-earth-fortune-29-BILLION.html

Decker, S., & Tanzi, A. (2021, June 3). Retrieved from https://www.bloomberg.com/news/articles/2021-06-03/u-s-ploughs-cash-into-r-d-as-china-triggers-a-sputnik-moment

Databahn. (2020). Retrieved from https://www.databahn.com/products/forbes-global-2000-companies-list-2020

Dorgan, S. (2006, June 23). Retrieved from https://www.heritage.org/europe/report/how-ireland-became-the-celtic-tiger

English Russia. (2017, April 14). Retrieved from https://englishrussia.com/2017/04/14/lines-in-soviet-union/

Ferguson, N. (2003). *Empire: The rise and demise of the British world order and the lessons for global power*, New York: Basic Books.

FlixPatrol. (2021, September 25). Retrieved from https://flixpatrol.com/top10/netflix/#netflix-2

Gongloff, M. (2021, July 31). Retrieved from https://www.bloomberg.com/opinion/articles/2021-07-30/stocks-are-overpriced-but-they-might-also-stay-that-way

Greenspan, A. (2007). The age of turbulence: Adventures in a new world, New York: Penguin Press.

Herper, M. (2019, January 22). Retrieved from https://www.scribd.com/article/398035676/Celgene-Sold-For-74-Billion-Leaves-A-Legacy-Of-Chutzpah-In-Science-And-Drug-Pricing

Hissey, I. (2019, December 17). Retrieved from https://insight.factset.com/investing-in-chinese-state-owned-enterprises

Historic UK. (n.d.). Retrieved from
https://www.historic-uk.com/HistoryUK/HistoryofEngland/William-Of-
Orange/

Housing & Development Fund. (2020). Retrieved from
https://services2.hdb.gov.sg/ebook/AR2020-keystats/html5/index.
html?&locale=ENG&pn=13

International Federation of Robotics. (2021, January 27). Retrieved from
https://ifr.org/news/robot-race-the-worlds-top-10-automated-countries/

Jamrisko, M., Lu, W., & Tanzi, A. (2021, February 3). Retrieved from

https://www.bloomberg.com/news/articles/2021-02-03/south-korea-leads-world-
in-innovation-u-s-drops-out-of-top-10?fbclid=IwAR0ARNw6wWaMwqb9l1DzA
s8GtlSB1LsOLD2y6j3JKjz9Oq7qLWWdQbyeZJE&sref=FHcddoiE

Krafton. (2021). Retrieved from https://www.krafton.com/en/games/

Lee, Y. (2021, September 27). Retrieved from
https://www.bloomberg.com/news/articles/2021-09-27/top-netflix-hit-squid-
game-provides-spark-for-korean-stocks

Mawad, T. F. (2021). Retrieved from
https://www.bloomberg.com/authors/AVRj2kx-OhE/tony-frangie-mawad

Organisation for Economic Co-operation and Development. (n.d.). Retrieved
from

https://data.oecd.org/eduatt/population-with-tertiary-education.htm

_____. (n.d.). Retrieved from
https://data.oecd.org/emp/self-employment-rate.htm

Perry, M. J. (2018, November 28). Retrieved from
https://www.aei.org/carpe-diem/graphic-of-the-day-capitalism-vs-crony-
capitalism/

Schuman, M. (2021, August 31). Retrieved from
https://www.bloomberg.com/opinion/articles/2021-08-30/xi-s-forgetting-
what-made-china-great-again-as-tencent-pinduoduo-kowtow

Smith, N. (2019, August 9). Retrieved from
https://www.bloomberg.com/opinion/articles/2019-08-09/federal-r-d-tax-
credits-immigrants-might-boost-tech-innovation?fbclid=IwAR3ZU38nSs-2k8U
d2PhMtY08h_9KFVQGOa85Kj5inSD2D8lfnq8ty952eDc&sref=FHcddoiE

Sovereign Wealth Fund Institute. (2021). Retrieved from
https://www.swfinstitute.org/fund-rankings/sovereign-wealth-fund

Statista. (2021). Retrieved from
https://www.statista.com/statistics/664518/home-ownership-rate-
singapore/#statisticContainer

_____.(2021). Retrieved from
https://www.statista.com/statistics/732247/worldwide-research-and-
development-gross-expenditure-top-countries/

TBS. (2020). Retrieved from
https://www.tbscontents.com/en/program/naokihanzawa_2020

The Economist. (2016, May 7). Retrieved from
https://www.economist.com/international/2016/05/07/the-party-winds-
down

_____. (2021, June 5). Retrieved from
https://www.economist.com/briefing/2021/06/05/once-a-corporate-
heavyweight-europe-is-now-an-also-ran-can-it-recover-its-footing

Vogel, E. F. *Japan as number one: Lessons for America*, Cambridge: Harvard
University Press, 1979.

Woolridge, A. (2021, May 16). Retrieved from
https://www.bloomberg.com/opinion/articles/2021-05-16/china-knows-that-
meritocracy-is-the-key-to-boosting-economic-growth

World Bank. (n.d.). Retrieved from
https://data.worldbank.org/indicator/NY.GDP.MKTP.KD.ZG?end=2020&loc
ations=JP&start=1995

_____. (n.d.). Retrieved from
https://data.worldbank.org/indicator/NY.GDP.PCAP.
CD?end=2020&locations=EU-US&start=2020&view=bar

_____.(n.d). Retrieved from
https://data.worldbank.org/indicator/NY.GDP.PCAP.
CD?end=2020&locations=IE-GB&start=2000

_____. (n.d) Retrieved from
https://data.worldbank.org/indicator/NY.GDP.PCAP.
CD?end=2020&locations=KR-SA&start=1973&view=chart

_____. (n.d). Retrieved from
https://data.worldbank.org/indicator/NY.GDP.PCAP.CD?end=2020&locations
=NO&start=1973

부록

- 바이오산업이 한국의 미래를 이끌어갈 중요한 혁신 산업이다
- 주요 혁신기업의 주가 추이

바이오산업이 한국의 미래를 이끌어갈 중요한 혁신 산업이다

I

전 세계적으로 지난 20여 년간 바이오·제약 산업이 급격히 성장하여, IT산업과 함께 가장 성장성이 높은 산업으로 자리매김하고 있다. 한국에서도 바이오·제약 산업이 4차 산업혁명 시대를 이끌 핵심분야로서 미래산업의 중요한 위치를 차지하고 있다. 그런데 이러한 바이오·제약 산업의 성장을 놓고 많은 사람들이 2000년대 초반에 발생했던 닷컴 버블이나 인터넷 버블 때처럼 과도한 자금 쏠림으로 거대한 거품이 형성되어 위험한 상황으로 보는 경향도 있다. 하지만 그 구체적인 내용을 살펴보면, 과거의 닷컴·인터넷 버블과는 그 질을 완전히 달리하는 것을 알 수 있다.

2000년대 초반에 많은 투기세력들과 투자자들의 혼재로 인한 닷컴 버블을 겪으면서, 핸디소프트, 다음, 새롬기술투자 등이 더하였던 본질가치 보다 수십, 수백 배의 거품이 생겼다. 20년이 지난 지금, 그런 투자 환경 속에서도 다음, 카카오와 같은 기업이 새로운 산업생태계를 만드는 성과를 내었다. 또한 2000년대 초반의 버블로 당시의 기업가치가 수조원대로 과대해 보였지만, 현재는 이를 훨씬 뛰어넘어 수십조원대 이상에 이르게 되었다. 보다 넓고 장기적인 안목에서 보면, 과잉투자, 거품 등의 우려는 새로운 산업을 탄생시키기 위한 산통이라고 보는 것이 옳다고 생각한다.

① 많은 사람들이 우려하고 있는 국내 바이오 주식 시장도 산통을 겪고 있다. 미국에서는 1990년대부터 바이오 벤처 창업 붐이 형성되었고, 그 이후로 바이오 붐과 몰락을 거듭하였다. 그 과정에서 길리어드Gilead, 셀젠Celgene, 모더나 등이 설립되어 30여 년 만에 오늘날 전 세계 Top 30안에 드는 빅 파마Big Pharma, 초대형 다국적 제약회사로 성장하는 대단한 성과를 내었다.

길리어드는 매출 및 시가총액 모두 전 세계 TOP 10 수준의 혁신 신약 회사로서 50년—100년 수준의 역사를 가진 다른 글로벌 기업들과는 달리, 상대적으로 짧은 30여 년의 업력1987년 창업을 지녔다. 초기에는 감염질환에만 집중하는 벤처로 시작하여 1990년 말과 2000년대 초에 승인받은 HIV바이러스 제제들과 1999년 타미플루Tamiflu의 크게 개발로 성장하였지만, 후속 제품이 없어 성장 먹거리가 없는 기업이라는 의견이 다수였다. 이러한 평가를 받던 Gilead는 2011년 11월, 미국 뉴저지 프린스턴에 소재한 파마셋Pharmasset을 무려 110억 달러에 인수하였다. 당시 인수가인 주당 137달러는 인수전 파마셋의 나스닥 마감가격에 89%, 자체 최고가 기준으로는 무려 59%의 프리미엄을 얹어준 조건이었다. 당시 많은 애널리스트들은 이를 과대계상으로 분석하며 길리어드의 주가는 폭락하였다. 하지만 이 인수는 제약·바이오 산업에서 가장 성공한 기업인수로 평가받고 있다. 길리어드는 최고 경영진 3인이 전부 의약화학자이며, 특히 CEO였던 존 마틴John Martin은 파마셋의 자료를 깊이 이해하고 그 잠재력을 정확히 파악하였다. 인수 이후 파마셋의 메인 파이프라인R&D 단계의 신약개발 프로젝트인 소발디Solvaldi를 성공적으로 개발하였으며, 자체 보유하고 있던 레디스파스비르Ledipasvir를 결합해서 복합제 하보니Harvoni를 후속제품으로 내놓을 수 있었다. 그 결과, 2017년 기준 세계에서 가장 많이 팔리는 약품 2위인 하보니와 18위인 소발디를 보유한 글로벌 제약사로 성장하였다. 길리어드는 2017년 면역항암제 CAR-T 선두기업인 카이트 파마Kite Pharma를 119억 달러, 2019년 관절염 치료제 개발 기업인 갈라파고스Galapagos를 51억 달러, 2020년에는 또다른 면역항암제 개발 기업인 포티-세븐Forty-Seven을 49억 달러, 유방암 고형암 치료제를 보유한 이뮤노메딕스Immunomedics를 210억 달러에 인수하며 혁신을 통한 성장을 계속하고 있다.

② 셀젠은 1986년 셀라니즈Celanese에서 분리되어 설립된 벤처로서 원래의 사업 계획은 유독성 폐기물을 먹는 미생물을 찾는 것이었다. 그러나 1991년 셀젠의 화학자인 솔 베레르Sol Barer가 록펠러대의 과학자로부터 탈리도마이드Thalidomide에 대해 듣고, 1992년 기술이전을 해오면서 급성장하기 시작하였다. 탈리도마이드는 체중 감소 치료제에 쓰일 예정이었지만 암치료에도 효과가 있다는 것이 밝혀졌고, 이를 계기로 셀젠은 항암제로 노선을 변경하였다. 1999년 84명의 다발성골수종 환자 대상 임상에서 2명의 완전관해, 34%의 암감소 효과를 보이며 탈리도마이드는 미국 식품의약국Food and Drug Administration, FDA로부터 승인을 받았고, 그 이후 셀젠은 공격적으로 여러 벤처, 빅파마들과 공동연구, 투자, 기술이전 등을 통해서 탈리도마이드와 여러 혈액암 치료제들을 병용하였는데, 이는 혈액암 치료제의 표준이 되었다. 셀젠은 이 과정에서 35억 달러 이상을 다른 벤처들과의 파트너십을 위해 사용했으며, 2018년 선도 CAR-T 치료제 개발 기업인 주노 테라퓨틱스Juno Therapeutics를 95억 달러에 인수하기도 하였다. 여러 방식으로 급성장해온 결과, 시장에서의 인정을 받으

며 세계 5대 빅파마인 BMS로부터 2019년 1월 740억 달러에 인수되었는데, 이는 현재까지 바이오 업계의 인수합병에서 역대 두 번째로 큰 규모였다최고 규모는 2000년도 화이자와 워너램버트의 902억 달러 (Herper 2019).

II

한국은 한국전쟁 이후 해외 약을 가져와서 생산하는 복제약, 일명 제네릭Generic시장이 꾸준히 성장해 왔다. 이 과정에서 우리가 아는 유한양행, 한미약품, 동아제약, 녹십자, 종근당 등 제약 대기업들이 자리를 잡았다. 2000년대 들어서 한국이 복제약을 넘어 신약을 개발할 수 있는 여유가 생기면서 바이오 벤처 창업 붐이 형성되었다. 2000년대 초반만 해도 5%도 안 되던 전체 벤처 투자 중 바이오 분야 투자 점유율이 최근에는 전체 벤처 투자금 4.5조원 중 30% 넘게 투자되면서 한국의 신성장 동력으로 자리를 잡게 되었다. 이러한 바이오 붐에 힘입어 한국도 미래에 빅파마로 성장할 수 있는 기업들이 생기고 있다. 대표적으로 풍부한 자금으로 사업을 구축한 삼성바이오로직스—삼성 바이오에피스, 셀트리온, SK바이오사이언스 등이 있다.

① 삼성바이오로직스는 2011년 삼성에버랜드현 제일모직 40%, 삼성전자 40%, 삼성물산 10%, 다국적기업 퀸타일즈 10% 구조로 자본금 3천억원을 투자하여 설립되었다. 불과 10년 만에 공격적인 단계적 공장 증설을 통하여 단기간내 전 세계 위탁계약 생산기업Contract Manufacturing Organization, CMO 1위인 론자Lonza의 생산용량을 따라잡아 세계 1위의 자리를 차지하였다. 이후 CMO 역량을 기반으로 위탁계약 개발 및 생산기업Contract Development and Manufacturing Organization,

CDMO까지 사업을 확장하고 있으며, 시가총액 60조인 코스피 시장 5위 규모로 성장하여 전 세계가 인정하는 다국적 기업이 되었다. 이는 대규모 설비 투자가 가능한 자금력과 반도체 사업에서 축적된 생산 공정 노하우가 있었기 때문에 가능하였다.

② 셀트리온은 2002년 대우자동차 최연소 임원이었던 서정진 회장이 당시 높은 시장점유율 및 영업이익을 독점하던 바이오 의약품의 특허만료 이후의 시장을 예측하여 창업하였다. 하지만 2004년 미국 제넨텍Genentech의 에이즈 백신이 3상에 실패하였는데, 당시 셀트리온은 해당 물량을 생산하는 CMO 계약이 체결되어 있었기 때문에 자금 조달에 큰 타격을 입었고, 그로 인해 부도설이 시장에 흘러나오기도 하였다. 다행히 2005년 제1공장 준공 및 BMS사의 오렌시아Orencia, 류마티스 관절염 치료제를 CMO 계약 체결하고, 2007년 1공장 cGMP 생산 설비에 대한 FDA 인준을 받으면서 기업은 안정적으로 돌아오는 듯 하였다. 그러나 2008년 셀트리온은 코스닥에 기업 공개 이후 서브프라임모기지 사태에서 촉발된 글로벌 금융위기로 재원 조달이 어려워져 시장에서는 또다시 부도설이 나돌기 시작하였다. 셀트리온은 이 위기 속에서 2009년 CT-P6허쥬마, 2010년 CT-P13램시마 글로벌 임상실험을 개시하면서, 싱가포르 테마섹 홀딩스Temasek Holdings로부터 2,080억원을 유치하여 난관을 극복하였다. 이후 램시마가 국가별로 허가되고 2012년 한국 / 2013년 유럽 / 2014년 일본, 캐나다 / 2015년 호주, 러시아, 브라질 / 2016년 미국, 트룩시마, 허쥬마 등의 제품들이 성공적으로 시장을 선점하면서 대그룹이 될 수 있었다. 시장이 형성되기 전 아이템을 선점하는 선구안, 위기를 극복할 수 있었던 자금조달과 미래를 내다본 "CMO → Bio Similar → Bio Better → 신약"으

혁신기업이 부자국민을 만든다

로의 도전은 셀트리온을 더욱 더 성장시키는 원동력이 될 것이다.

③ 위의 두 기업처럼 충분한 자금조달 역량을 가지고 사업을 구축한 기업이 있는 반면에, 신약개발 전문가들이 모인 작은 벤처로 시작하여 지금은 기업가치 1조원을 넘어 다국적 빅파마로 성장하고 있는 제넥신, 에이비엘바이오, 알테오젠, 메드팩토, 셀리버리 등도 있다(안소영·박용선·정현진 2021).

제넥신의 창업주인 성영철 제넥신 회장은 설립 당시인 1999년에 포항공대 생명과학과 교수였다. 성영철 회장, 그의 제자, 투자자 3명은 소규모 벤처를 창업하였다. 그리고 불과 20여년만에 R&D 기술력으로 한국에서 다섯손가락 안에 드는 기업으로 성장하였다. 제넥신은 단백질, 유전자 치료제 플랫폼 기술을 바탕으로 다양한 파이프라인을 개발하고 있다. 2005년 한때 부도 위험을 겪기도 하였지만, 성장동력으로 약효의 지속성을 높이는 hyFc 기술을 개발해 녹십자와 계약을 맺은 뒤, 국내 5개 기업에 기술이전을 하면서 성장하였고, 2009년 기술특례 제도로 코스닥에 상장한 뒤 2012년 한독에 인수되어 자회사로 편입되었다. 제넥신의 고도의 기술력은 글로벌 시장에서 인정받아 2017년 12월 중국 아이-맙 바이오파마I-Mab Biopharma에 6천억원 규모의 라이센스 계약을 체결하였다계약금 130억원, 마일스톤(개발단계별로 성공시 받는기술료) 5,916억원. 한편 오픈 이노베이션Open Innovation(혁신을 위해 기업 내부의 자원을 공개하고, 기업 외부로부터 필요한기술과 아이디어를 들여오는 방법) 전략으로 2020년 한 해에만 타 벤처 20여곳 이상에 4천억원을 투자하면서 추가 아이템들도 지속적으로 확보하고 있다. 이러한 점들은 미래에 제넥신을 우량한 파이프라인을 다수 보유한 국내 대표 신약 개발기업으로 만들 수 있을 것이다.

④ 에이비엘 바이오ABL Bio는 한화케미칼이 2014년 삼성종합화학을 인수하면서 석유화학분야에 집중하기로 방침을 정하며 바이오 사업을 정리하는 과정에서 한화케미칼의 바이오 사업 부문을 총괄하던 이상훈 박사가 연구인력들과 기존의 연구내용을 가지고 2016년 2월에 설립한 기업이다. 13명의 연구인력 중 9명이 박사급인 R&D 중심 회사로 시작하여 항체 약물 접합기술의 원천 기술을 바탕으로 하여 항암 표적 치료제와 신경변성질환 표적 치료제 개발에 주력하고 있다. 불과 설립한지 2년 만에 글로벌 시장에서 기술력을 인정받아, 미국의 트리거 테라퓨틱스TRIGR Therapeutics에 5억 9500만 달러에 기술이전 계약을 체결하였다(김성민 2018). 2021년에는 트리거 테라퓨틱스사가 중국 엘피사이언스Elpiscience에 같은 파이프라인의 중국 독점권 및 판권을 1억 1700만 달러에 기술이전하였다. 현재도 항체 제작 기술은 세계 최고 수준으로 평가되고 있으며, 앞으로 자신들이 갖고 있는 R&D 노하우를 발휘하여 빅파마로 성장할 것이다(심아란 2021).

III

국내 바이오 시장은 2005년 황우석 박사의 줄기세포 논문 조작이 폭로된 후 10년 간의 암흑기를 겪었다. 이 암흑기를 벗어나는데 결정적인 역할을 한 것은 한미약품의 5조원대 수출계약이 이루어진 것이었는데, 이를 기점으로 많은 기업들에게 신약 개발을 촉진하는 계기가 되었다. 바이오 붐이 이루어지면서 기존 바이오 사업을 하지 않던 대기업들도 바이오 시장에 뛰어들고 있다. 한동안 위축되었던 LG화학도 2021년 2천억원 이상을 R&D에 투자하여 신약을 개발한다고 발

혁신기업이 부자국민을 만든다

표했고, 롯데그룹도 창립 73년만에 바이오를 신성장 동력으로 꼽았다. 벤처 캐피탈에서도 투자 비중이 최하위권에 머물던 바이오 분야는 3년째 독보적인 1위를 유지 중이다.

많은 이들이 현재의 바이오·제약 산업의 상황이 버블이며 신라젠, 코오롱, 바이로메드 등 한때 국내 바이오 업계 시가총액 Top 10에 들었던 기업들의 실패 및 인프라 부족을 근거로 한국 바이오 시장은 성공하지 못할 것이라고 한다. 그러나 한국의 다른 산업들이 태동하여 세계적 수준에 오르기까지 수많은 실패와 혹독한 산통을 겪었던 것처럼 현재 바이오 시장도 같은 과정을 겪고 있다고 생각한다. 머지않아 한국은 한국의 다른 굴지의 기업들과 같이 글로벌 바이오 시장의 중심에 서 있을 것이다. 바이오 신기술에 투자하는 것은 미래의 먹거리와 일자리를 만들고, 국가의 부를 창출하며, 더 나아가 국민들에게 행복하고 건강한 삶을 가져다 줄 것이다.

주요 혁신기업의 주가 추이

● 언제 어디서나 누릴 수 있는 서비스 모델

▪ 우버 (단위: USD)

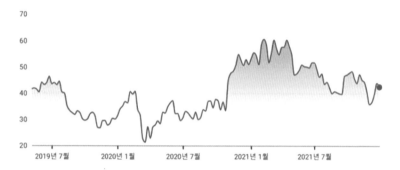

▪ 아마존 (단위: USD)

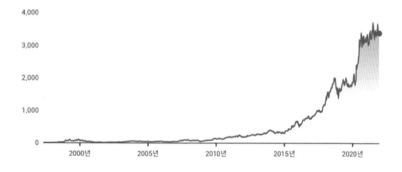

▪ 넷플릭스 (단위: USD)

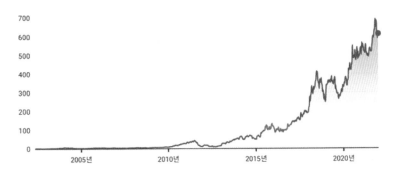

▪ 카카오 (단위: KRW)

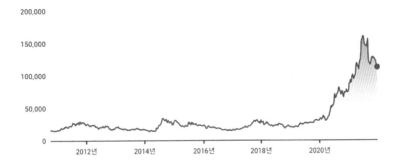

● 불충분한 서비스 영역

▪ 맘스터치 (단위: KRW)

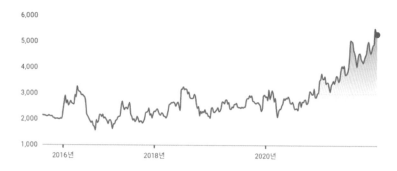

▪ 신풍제약 (단위: KRW)

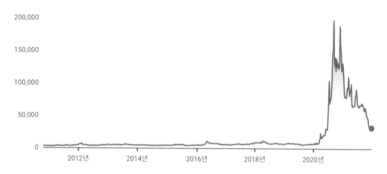

▪ 힌두스탄유니레버 (단위: INR)

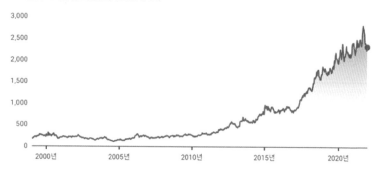

156   혁신기업이 부자국민을 만든다

● 지속가능성 및 친환경을 충족

▪ 두산중공업 (단위: KRW)

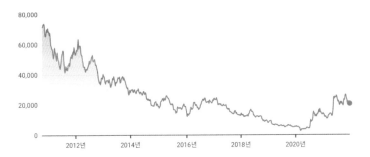

▪ 두산퓨얼셀 (단위: KRW)

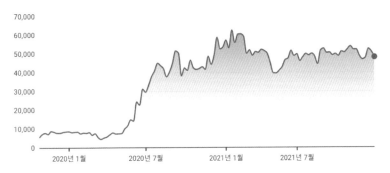

▪ LG이노텍 (단위: KRW)

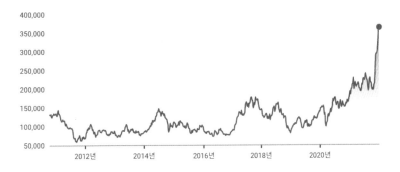

▪ SK이노베이션 (단위: KRW)

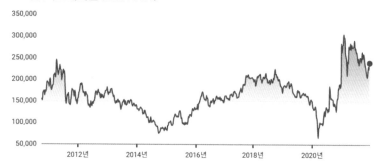

▪ 삼성SDI (단위: KRW)

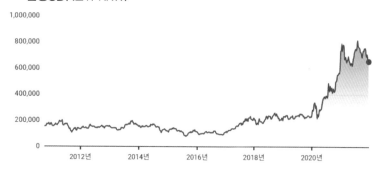

▪ 포스코케미칼 (단위: KRW)

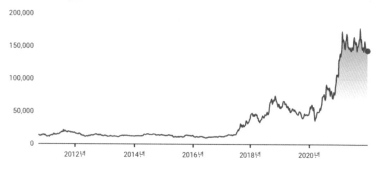

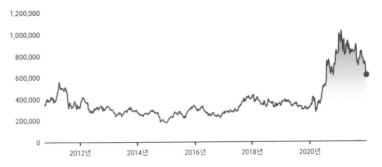

- LG화학 (단위: KRW)

- LG에너지솔루션 (단위: KRW)

505,000

2022년 1월 27일

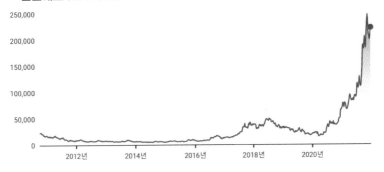

- 엘앤에프 (단위: KRW)

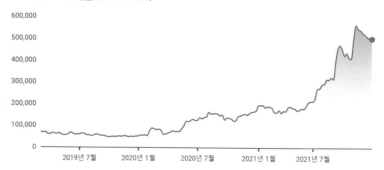

- 에코프로비엠 (단위: KRW)

600,000
500,000
400,000
300,000
200,000
100,000
0

2019년 7월 2020년 1월 2020년 7월 2021년 1월 2021년 7월

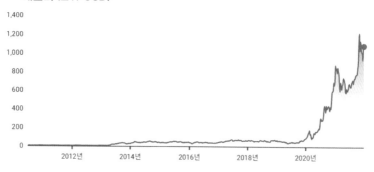

- 테슬라 (단위: USD)

1,400
1,200
1,000
800
600
400
200
0

2012년 2014년 2016년 2018년 2020년

혁신기업이 부자국민을 만든다

● 신뢰성 있는 거래

▪ 네이버 (단위: KRW)

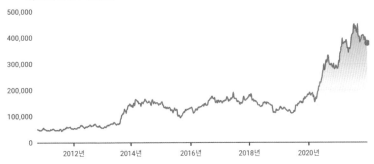

▪ 페이팔 (단위: USD)

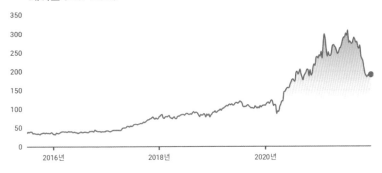

▪ 메타플랫폼스 (단위: USD)

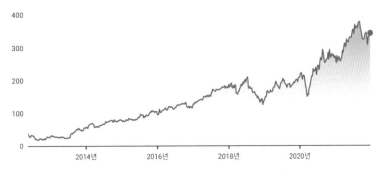

● 건강관리와 교육

▪ 씨젠 (단위: KRW)

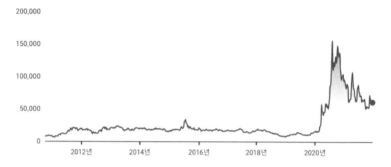

▪ 에스디바이오센서 (단위: KRW)

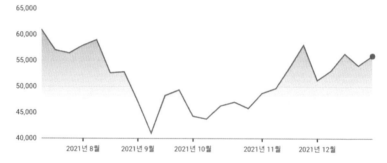

▪ 셀트리온 (단위: KRW)

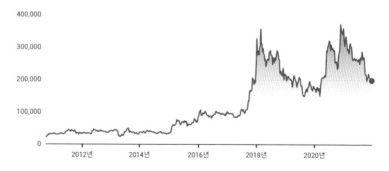

혁신기업이 부자국민을 만든다

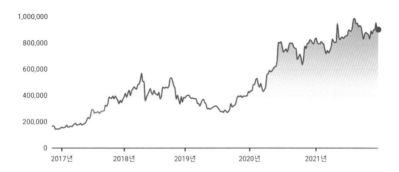

• 삼성바이오로직스 (단위: KRW)

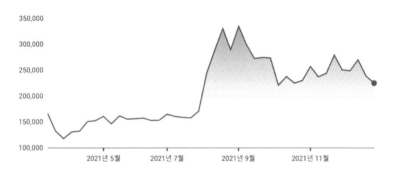

• SK바이오사이언스 (단위: KRW)

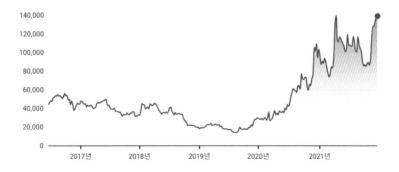

• 에스티팜 (단위: KRW)

▪ 메가스터디 (단위: KRW)

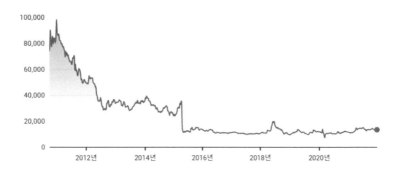

▪ 바이오앤텍 (단위: USD)

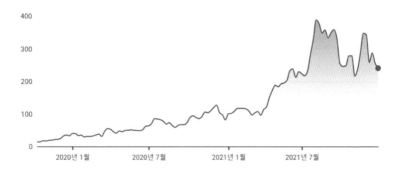

▪ 화이자 (단위: USD)

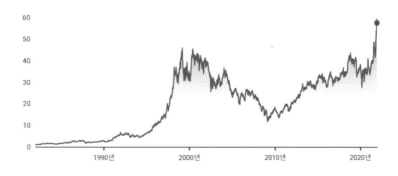

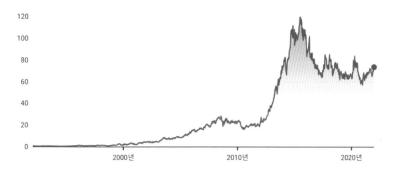

▪ 길리어드 사이언스 (단위: USD)

● 행복과 즐거움을 위한 소비행위

▪ 크래프톤 (단위: KRW)

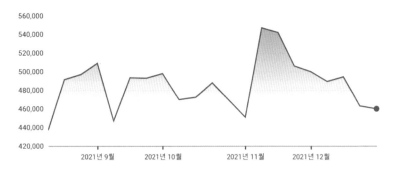

▪ 펄어비스 (단위: KRW)

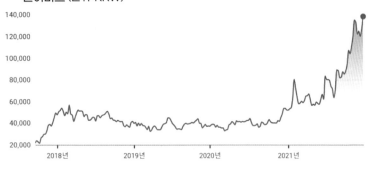

▪ 위메이드 (단위: KRW)

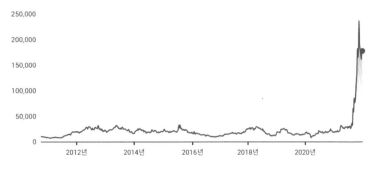

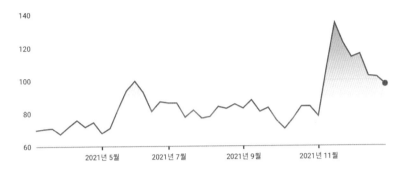

■ 로블록스 코퍼레이션 (단위: USD)

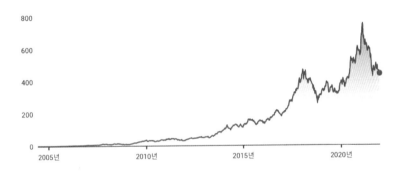

■ 텐센트 (단위: HKD)

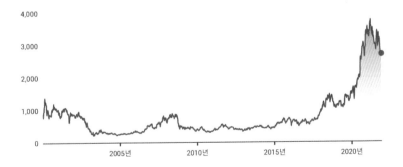

■ 캡콤 (단위: JPY)

- 액티비전 블리자드 (단위: USD)

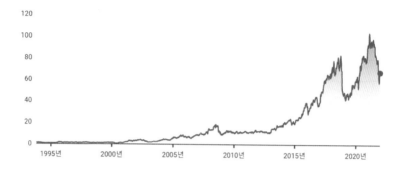

- 일렉트로닉 아츠 (단위: USD)

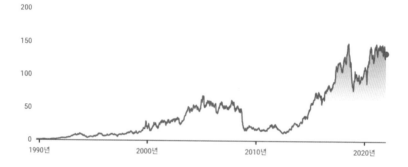

혁신기업이 부자국민을 만든다

● 안전 및 보안

▪ 현대차 (단위: KRW)

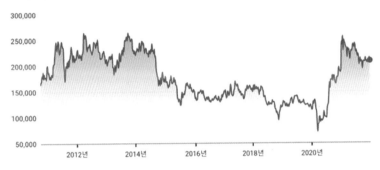

● 합리성과 단순함

▪ 제주항공 (단위: KRW)

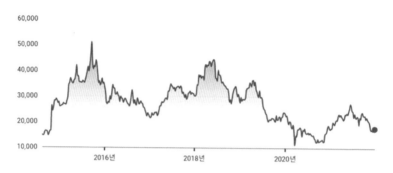

▪ 사우스웨스트항공 (단위: USD)

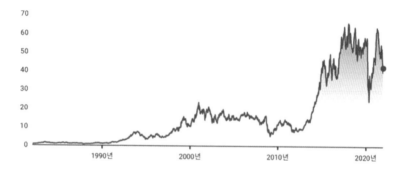

혁신기업이 부자국민을 만든다

● 나를 위한 맞춤 서비스의 제공

▪ 스타벅스 (단위: USD)

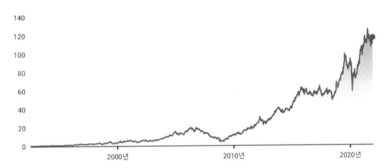

▪ LG생활건강 (단위: KRW)

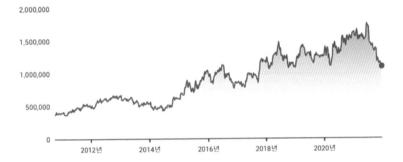

● R&R

▪ 하이브 (단위: KRW)

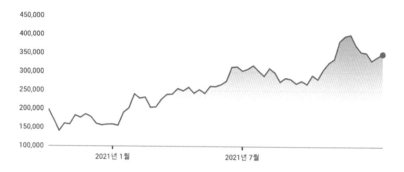

450,000
400,000
350,000
300,000
250,000
200,000
150,000
100,000

2021년 1월   2021년 7월

* Source: Google Finance
(2021. 12. 31. 기준)

혁신기업이 부자국민을 만든다

혁신기업이 부자국민을 만든다

초판 1쇄 인쇄 2022년 03월 14일
초판 1쇄 발행 2022년 03월 14일

저 자 최창규 조영국 김덕일
감수자 김진홍
디자인 최임경
발행자 전민형
발행처 도서출판 푸블리우스
등 록 2018년 4월 3일 (제25100-2021-000036호)
주 소 [01634] 서울시 노원구 덕릉로127길 25, 상가동 2층 204-92호
전 화 02)927-6392
팩 스 02)929-6392
이메일 ceo@publius.co.kr

ISBN 979-11-89237-13-4

도서출판 푸블리우스는 헌법, 통일법, 시민교육, 경찰학, 사회과학 일반에 관한 발간제안을 환영합니다.
기획 취지와 개요, 연락처를 ceo@publius.co.kr로 보내주십시오.
도서출판 푸블리우스와 함께 한국의 법치주의 및 사회학의 수준을 높일 연구자들의 많은 투고를 기다립니다.